趙惠玲，羅烈文 編著

何以解憂？唯有杜康！

逗趣歷史典故 × 經典場合應用 × 歡樂民俗節日

在一些重要談判和大型會議上，酒更是不可或缺的存在。飯局上不可不知的「敬酒」禮儀，如何透過美酒牢牢抓住客戶的心？淵遠流長的中國酒文化，你對它的了解有多少？

酒史 × 酒俗 × 敬酒辭 × 酒令，暢談杯中忘憂物，細數古今風流事

中國酒文化

U0082279

崧燁文化

目錄

目錄

目錄

目錄

第二章　歷史上著名的五大酒局

第三章　古代名人與酒的那些風流事

後記：飲酒與養生保健

前言

前言

　　中國是酒的故鄉，在古代，酒更是被視為神聖之物。酒的使用，只在莊嚴之事，如祀天地、祭宗廟、奉佳賓而用。後來，隨著釀酒業的興起，酒才逐漸成為日常的生活用品。由此，酒事活動也開始蓬勃發展，經過文化的傳衍，最終形成較為系統的酒文化。酒文化是文化百花園中的一朵奇葩，芳香而獨特。「對酒當歌，人生幾何？」的灑脫、「斗酒詩百篇」的熱情、「酒逢知己千杯少」的感慨、「醉裡挑燈看劍」的豪邁，「今朝有酒今朝醉」的無奈……千百年來，文人墨客、才子佳 ヽ 人借酒明志，借酒抒情，留下佳作無數。

　　酒，作為世界客觀物質的存在，它是一個變化多端的精靈，它熾熱似火，冷酷像冰；柔軟如錦緞，鋒利似鋼刀；它能叫人超脫曠達，才華橫溢，放蕩無常；它能叫人忘卻人世的痛苦憂愁和煩惱，到絕對自由的時空中盡情翱翔；它可以讓人敞開胸襟，坦誠相待，拉近距離，聯絡感情。

　　俗話說：「無酒不成席」、「無酒不成宴」，自酒誕生以來，這個充滿靈性的精靈便成了宴席上必不可少的東西。上至隆重國宴，下至市井平民的小聚都能見到酒的身影。人們無不在推杯換盞之間喝出交情、促成美事、增進友情。

　　宴席酒自然不能是喝悶酒、獨酌，而是你來我往，相互敬酒。敬酒需要利用言談，充分展示自己的才學、個性、內涵、如此才能讓別人接受你的敬酒，進而讓自己成為宴席上受歡迎的人。

　　敬酒辭，就是在重大慶典、友好往來的宴會上發表的言論。宴會敬酒是招待賓客不可缺少的禮儀。

所謂敬酒辭自然是以酒為媒介，輔之以熱烈的氣氛與言論，為宴會營造良好的氣氛。有恰如其分的敬酒辭推波助瀾，美酒才能真正成為喜宴的關鍵、友誼的橋梁，外交制勝的法寶⋯⋯可以說，一篇優秀的敬酒辭可以實現加深友誼，建立良好的外交或商務合作的目的。

　　然而，說一口優美動聽的敬酒辭並非易事，讓對方痛快地一飲而盡更是有一定的難度，若是強求，勢必會破壞宴會的氣氛。

　　為此，本書精心打造了一套完整的敬酒策略。集結了當今最盛行的敬酒辭令，從酒的起源到敬酒辭的興起、發展，演變，乃至於時下最為成熟的酒文化。對敬酒辭進行了全方位，具體的講解，讓每位讀者能一看就懂，一學就會。並提供了各種場合下的敬酒實例，以供參考。內容安排具有邏輯、合理，即對博大精深的酒文化有過深入淺出的闡述，又對當下最流行的酒令、划拳等助興遊戲有所涉及，可以說本書融古今酒文化於一體，在繼承傳統的基礎上，又有創新發展。

　　當然，需要強調一點的是，敬酒辭必須要有高尚的品行做基石，如此才能為自己、為宴席錦上添花。否則，只會誤入巧言令色、口是心非的地雷區，這是有違本書編著初衷的。

第一編
不可不知的酒文化常識

第一章　漫談酒中文化

　　酒，在人類的歷史長河中，不僅僅是作為客觀的物質存在，
而是一種文化象徵，即酒神精神的象徵。追求絕對自由、忘卻生
死利祿及榮辱，是東方酒神精神的精髓所在。

一、酒起源之傳說

　　中國是酒的故鄉。在五千年歷史長河中，酒和酒類文化在傳統的中國文
化中有其獨特的地位。這幾千年的文明史中，酒幾乎融入到社會生活中的各
個領域。

　　東方世界中，中國是酒的王國。生產的酒形態萬千，色澤紛呈；品種之
多，產量之豐，皆堪稱世界之冠。那裡也是飲酒人的樂土，地無分南北，
人無分男女老少，飲酒之風，歷經數千年而不衰，更是酒文化發展到巔峰之
地，飲酒的意義非生理性消費，遠不止口腹之樂；在許多場合，它都是作為
一個文化符號，一種文化消費，用來表示一種禮儀、一種氣氛、一種情趣、
一種心境。

　　酒，在人類的歷史長河中，已不僅僅是一種客觀的物質存在，更是一種
文化象徵。

　　至於有著悠久歷史的酒到底產生於何時，出自何人之手，歷來就有無數
的傳說。酒本身具有超出凡響的魅力，酒產生的傳說具有傳奇色彩也就不足
為怪了。這些傳說說法不一，流傳較廣的主要有以下幾種。

1　上天造酒說

自古以來，中國就有酒是天上「酒星」所造的說法。《晉書》中有關於酒旗星座的記載：「軒轅右角南三星曰酒旗，酒官之旗也，主宴饗飲食。」軒轅，中國古稱星名，共十七顆星，其中十二顆屬獅子座。酒旗三星，呈「一」形排列。

酒旗星的發現，最早見《周禮》一書中，據今已有近三千年的歷史。二十八星宿的概念，始於殷代而確立於周代，是古代天文學的偉大發明之一。在當時科學儀器極其簡陋的情況下，先民能在浩渺的星海中觀察到這幾顆並不怎樣明亮的「酒旗星」，並留下關於酒旗星的種種記載，這不能不說是一種奇蹟。

然而，酒自「上天造」之說，既無立論之理，又無科學論據，純屬附會之說，文學渲染而已，不值一信。

2　猿猴造酒說

關於猿猴造酒一說，在中國歷史的典籍中可以找到相關記載。早在明朝時期，關於猿猴「造」酒的傳說就有過記載。明代文人李日華在他的著述中，這樣記載：「黃山多猿猱，春夏採花果於石窪中，醞釀成酒，香氣溢發，聞數百步。」清代文人李調元在他的著述中有「瓊州多猿……嘗於石岩深處得猿酒，蓋猿酒以稻米與百花所造，一百六軋有五六升許，味最辣，然極難得。」的記載。清代文人陸柞蕃在《粵西偶記》中寫道：「粵西平樂等府，山中多猿，善采百花釀酒。樵子入山，得其巢穴者，其酒多至數百。飲之，香美異常，名曰猿酒。」這些不同時代人的記載，都證明在猿猴的聚居處，常常有類似「酒」的東西被發現。

專家、學者由此推論，酒的起源當由水果發酵開始，因為它比糧穀發酵

更為容易。

　　對酒有所了解的人知道，酒是一種由發酵所得的飲品，是由一種叫酵母菌的微生物分解醣類產生的。酵母菌是一種分布極其廣泛的菌類，在廣袤的大自然原野中，尤其在一些含糖量較高的水果中，這種酵母菌更容易繁衍滋長。而山林中野生的水果，是猿猴最主要的食物來源。猿猴在水果成熟的季節，採摘大量水果收儲於「石窪中」，天長日久，堆積的水果受到自然界中酵母菌的作用而發酵，在石窪中將一種被後人稱為「酒」的液體析出，因此，猿猴在不自覺中「造」出酒來的說法，是合乎邏輯與情理的。

3　儀狄造酒說

　　相傳夏禹時期的儀狄發明了釀酒。史籍中有多處關於儀狄「作酒而美」、「始作酒醪」的記載，似乎儀狄乃製酒之始祖。這是不是事實，還有待進一步考證。

　　有一種說法叫「酒之所興，肇自上皇，成於儀狄」。意思是說，自上古三皇五帝的時候，就有各式各樣造酒的方法流行於民間，是儀狄將這些造酒的方法歸納整理出來，使之流傳於後世的。能進行這種推廣工作的，當然不是一般平民，所以有的書中認定儀狄是司掌造酒的官員，恐怕也不是沒有道理的。有書載儀造酒之後，禹曾經「遂疏儀狄，絕旨酒」，也證明儀狄是很接近禹的「官員」。

　　還有一種說法叫「儀狄作酒醪，杜康作秫酒」。這裡並無時代先後之分，似乎是講他們造的是不同的酒。「醪」，是一種糯米經過發酵而成的「醪糟」，也就是我們說的甜酒釀，性溫軟，其味甜。現在也有不少家庭，仍自製甜酒釀。甜酒釀潔白細膩，稠狀的糯米糊可當主食，周圍的清亮汁液頗近於酒。「秫」，高粱的別稱。杜康作秫酒，指的是杜康造酒所使用的原料是高粱。如

果硬要將儀狄或杜康確定為酒的創始人的話，只能說儀狄是黃酒的創始人，而杜康則是高粱酒創始人。至於真相到底如何，還有待更進一步考證。

4　堯帝造酒說

堯作為上古五帝，傳說為真龍所化，下界指引民生。他帶領民眾同甘共苦，發展農業，妥善處理各類政務，受到百姓的擁戴，並得到不少部族首領的讚許。

堯由龍所化，對靈氣特為敏感。受滴水潭靈氣所吸引，將大家帶至此地安居，並借此地靈氣發展農業，使得百姓安居樂業。為感謝上蒼，祈福未來，堯會精選出最好的糧食，並用滴水潭水浸泡，用特殊手法去除所有雜質，淬取出精華，合釀祈福之水，此水清澈純淨、清香幽長，以敬上蒼，並分發百姓，共慶安康。

百姓為感恩於堯，將祈福之水取名曰「華堯」。

5　四特造酒說

早在五千年前，四特的新石器文明就有了釀酒的歷史。江西省築衛城遺址（新石器時代）出土的大量陶皿、酒器，以及吳城遺址（殷商時代）精美的青銅器，至今還默默地印證著遠古時期這裡酒文明的輝煌。今天的四特酒就是伴隨著商的青銅文明而得名「四特」的。

最近，科學家發現，在漫漫宇宙中，存在著一些天體，就是由酒精所組成的。所蘊藏著的酒精，如製成啤酒，可供人類飲幾億年。這說明什麼？說明酒是存在於自然界的一種天然產物。當代的學者們認為：人類不是發明了酒，僅僅是發現了酒。酒裡的最主要的成分是酒精（學名是乙醇，分子式為 C_2H_5OH），許多物質可以經由不同反應轉變成酒精，如葡萄糖可在微生物所分泌的酶的作用下，轉變成酒精。

　　人類有意識地釀酒，是從模仿大自然的傑作開始的。古代書籍中就有不少關於水果自然發酵成酒的記載。在仿效自然產生的酒的過程中，人們逐步掌握了製酒這門藝術，從此開始了人類釀酒的歷史。但是，由於釀酒技術的發明比文字的出現要早得多，所以酒的起源也就不可能有準確的記載。

二、酒發展的過程

　　在漫長的歷史中，中國傳統酒呈現段落性發展。

　　西元前四千年到西元前兩千年，即由新石器時代的仰韶文化早期到夏朝初年，為第一個段落。

　　這個段落，經歷了漫長的兩千年，是中國傳統酒的啟蒙期。用發酵的穀物來泡製水酒是當時釀酒的主要形式。這個時期是原始社會的晚期，當時製酒的主要形式是用發酵的穀物泡製水酒。先民們無不把酒看做是一種含有極大魔力的飲料。

　　從西元前兩千年的夏王朝到西元前二世紀的秦王朝，歷時一千八百年，這一段落為傳統酒的成長期。

　　在夏朝，釀酒業已經相當發達。商代，隨著農業的進步和發展，穀物釀酒已經相當普遍。商朝中期，酒麴的發明，使中國成為世界上最早用麴釀酒的國家。醴、酒等品種的產出，儀狄、杜康等釀酒大師的出現，為中國傳統酒的發展奠定了堅實的基礎。

　　在此時期，釀酒業得到極大發展，並受到重視，官府設置了專門釀酒的機構，酒由官府控制。酒成為帝王及諸侯的享樂品，「肉林酒池」成為奴隸制度下高社會地位者生活的寫照。

　　這個階段，酒雖有所興，但並未大興。飲用範圍仍局限於社會的上層，但即使是在上層，對酒也往往存有戒心。因為商、周時期，皆有以酒色亂

政、亡國、滅室者；秦漢之交又有設「鴻門宴」之陷阱者。酒被引入政治鬥爭，遂被正直的政治家視為「邪惡」。因此使酒業的發展受到影響。

第三段落由西元前二世紀的秦王朝到西元十世紀的北宋，歷時一千兩百年，是傳統酒的成熟期。

在這一時期，《齊民要術》、《酒法》等科技著作問世；新豐酒、蘭陵美酒等名酒紛紛出現；黃酒、果酒、藥酒及葡萄酒等不同酒品也有了發展；李白、杜甫、白居易、杜牧、蘇東坡等酒文化名人輩出。各方面的因素促使中國傳統酒的發展進入了燦爛的黃金時代。

酒之大興，是始自東漢末年至魏晉南北朝時期。這主要是由於當時長達兩個多世紀的戰亂紛爭，統治階級內部產生了不少失意者，文人墨客，崇尚空談，不問政事，借酒澆愁，狂飲無度，使酒業大興。到了魏晉，酒業更興，飲酒不但盛行於上層，更普及到尋常人家。

到唐朝，不但釀酒技術進步，酒種更是旺盛發展。盛唐的詩酒文化，對後世的酒俗以及飲酒吟詩、唱和助興都有相當大的影響。

宋代在製酒工藝上發現和運用了紅麴酶製酒，這在後來被國際上譽為巧奪天工的一項發明。用紅麴釀造的紅麴黃酒至今仍享有盛譽。宋代朱翼中撰寫的《北山酒經》是一部傑出的製麴釀酒專著，書中記載的製麴釀酒技術較之前有了更大的發展。

這一時期的漢唐盛世及歐、亞、非之間陸地貿易的興起，使中西酒文化得以互相融合，為中國白酒的發明及發展進一步奠定了基礎。

第四段落是由西元十世紀的北宋到西元一八四〇年的晚清時期，歷時八百四十年，是傳統酒的上升期。

期間西域的蒸餾器傳入中國，促成了舉世聞名的中國白酒的誕生。明代李時珍在《本草綱目》中說：「燒酒非古法也，自元時始創其法。」又有資料

提出「燒酒始於金世宗大定年間（西元一一六一年）」。酒精濃度較高的蒸餾白酒在宋代迅速普及。

明代，在酒的應用上，特別是藥用方面。清代飲食文化興盛，酒業興旺，各種名酒相繼誕生，茅台酒、綿竹大麴等各種香型酒類已產生，並傳於後世，至今仍在名酒的行列。

這一時期，白、黃、果、葡萄、藥五類酒競相發展，絢麗多彩，而白酒則深入百姓生活，成為人們廣為喜愛的飲料佳品。

自西元一八四〇年到現在，歷時近一百七十年，為第五段落，是傳統酒的變革期。

在此期間，西方先進的釀酒技術與傳統的釀造技藝爭放異彩，使酒苑百花爭豔，春色滿園；啤酒、白蘭地、威士忌、伏特加及日本清酒等外國酒立足生根；竹葉青、五加皮、玉冰燒等新酒種產量迅速成長；傳統的黃酒、白酒也琳琅滿目，各顯特色。特別是在這一時期的後期，即最近四十年來，釀酒產業進入了空前繁榮的時代。

三、酒的基本類別

中國酒品質高，風格獨特，品種繁多。一般的分類方式主要有以下幾種：

按酒精含量的多寡可以分為：高濃度酒（烈酒）、中濃度酒、低濃度酒三種；

按酒的含糖程度高低可以分為：甜型酒、半甜型酒、「乾」型酒三種；

按製造方法的不同可以分為：發酵酒、蒸餾酒、配製酒三類；

按商品類型可分為：白酒、葡萄酒、黃酒、啤酒、果露酒、藥酒等六類。

白酒、啤酒、葡萄酒、黃酒堪稱為中國四大酒系，下面為大家詳細介紹。

1、白酒

白酒又稱燒酒、燒刀子等，是以麴類、酒母為糖化發酵劑，利用澱粉質（糖質）原料，經蒸煮、糖化、發酵、蒸餾、陳釀和勾兌釀製而成的一種酒類。

白酒之酒液清澈透明，質地純淨、無混濁，口味芳香濃郁、醇和柔綿，刺激性較強，飲後餘香，回味悠久。以中國山西、四川及貴州等地所產之白酒最為著名。

(1) 根據生產原料和釀造工藝上的不同，白酒可以為分四種。大麴酒，如茅台酒、汾酒；小麴酒，如三花酒、湘山酒；麩麴酒，即各地生產的普通白酒；液態發酵法白酒，即用液體麴為糖化劑製成食用酒精，再加工製成的白酒。

(2) 根據香型不同，白酒通常可以分為五種類型。

　① 醬香型白酒：也稱為茅香型白酒，以茅台酒為代表。醬香柔潤為其主要特點，發酵工藝最為複雜，所用的大麴多為超高溫酒麴。

　② 濃香型白酒：以瀘州老窖特麴、五糧液、洋河大麴等酒為代表，以濃香甘爽為特點，發酵原料是多種原料，以高粱為主，發酵採用混蒸續渣工法。發酵採用陳年老窖，也有人工培養的老窖。在名酒中，濃香型白酒的產量最大。中國四川、江蘇等地的酒廠所產的酒均是這種類型。

　③ 清香型白酒：以汾酒為代表，其特點是清香純正，採用清蒸清渣發酵工藝，發酵採用地缸。

　④ 米香型白酒：以桂林三花酒為代表，特點是米香純正，以大米為原料，小麴為糖化劑。

⑤ 其他香型白酒：這類酒的主要代表有西鳳酒、董酒、白沙液等，香型各有特徵，這些酒的釀造工藝採用濃香型、醬香型或汾香型白酒的部分工藝，有的酒的蒸餾工藝也採用串香法。

2、葡萄酒

葡萄酒是用破或未破碎的新鮮葡萄果實或汁，完全或部分酒精發酵後獲得的飲料，其酒精濃度不能低於八點五度。

(1) 根據葡萄酒液的色澤，葡萄酒主要分為紅、白、黃、桃紅四種。高級的紅葡萄酒，酒液清澈透明，酒香濃郁，光澤悅人，口味柔和，回味綿長。酒精濃度一般在十四到十八度之間，甜度在十二度左右。

高級的白葡萄酒，一般無色或微黃帶綠、澄清透明，有光澤，果香和著酒香，濃郁悅人。其口味醇厚，豐滿爽口，餘香綿長，酒精濃度、甜度一般均在十二度左右。黃色、桃紅色葡萄酒顏色鮮豔，酒體透明，酒香、果香平和，酒精濃度一般在十五到二十度之間，甜度在十三度左右。

(2) 依釀葡萄品種與釀製方式不同，葡萄酒可分為白酒、紅酒和玫瑰紅酒。

① 白酒：只將葡萄的汁液發酵，且培養期通常在一年內，口味清爽，單寧酸含量低，帶水果香味及果酸味。

② 紅酒：將葡萄的果皮、果肉、種子等與果汁一起發酵，且培養一年以上。口味較白酒濃郁，多含單寧酸而帶澀味，因發酵程度較高，通常不甜但酒性比白酒穩定，保存期可達數十年。

③ 玫瑰紅酒：所謂的玫瑰紅是形容它的色澤，是在白酒中加入紅酒而得，可以縮短紅酒浸皮的時間來釀製，口味介於白酒與紅

酒之間。

近年來，隨著人們生活水準的提高、養生意識的增強，「乾白」、「乾紅」等葡萄酒的銷量逐漸上升。另外，以野生山葡萄為原料的山葡萄酒由於天熱會生成無汙染的原料，酒液紫紅透明，香氣濃郁，口味獨特，醇厚宜人，也深受人們喜愛。

3、啤酒

啤酒是以大麥芽、酒花、水為主要原料，經酵母發酵作用釀製而成的，飽含二氧化碳的低酒精濃度酒。現在國際上的啤酒大部分均添加輔助原料。有的國家規定輔助原料的用量總計不超過麥芽用量的一半。但在德國，除製造出口啤酒外，國內銷售啤酒一概不使用輔助原料。國際上常用的輔助原料為：玉米、大米、大麥、小麥、澱粉、糖漿和醣類物質等。

(1) 根據麥芽汁濃度分類，啤酒可分為三類。

① 低濃度型：麥芽汁濃度在 6 到 8 度（巴林甜度計），酒精濃度為 2 左右，夏季可做清涼飲料，缺點是穩定性差，保存時間較短。

② 中濃度型：麥芽汁濃度在 10 到 12 度，以 12 度為普遍，酒精含量在 3.5% 左右，是啤酒生產中最常見的一類。

③ 高濃度型：麥芽汁濃度在 14 到 20 度，酒精含量為 4% ～ 5%。這種啤酒生產週期長，含固形物較多，穩定性好，適於儲存和長途運輸。

(2) 根據酵母性質分類，啤酒可分為兩類。

① 上層發酵啤酒：利用浸出糖化法來製備麥汁，經上層酵母發酵而製成。用此法生產的啤酒，國際上有著名的愛爾淡啤酒、愛爾濃啤酒、司陶特啤酒以及波特黑啤酒等。

② 下層發酵啤酒：利用煮出糖化法來製取麥汁，經下層酵母發酵
而製成。該法生產的啤酒，國際上有皮爾森淡啤酒、多特蒙德
淡啤酒、慕尼黑黑啤酒等。

(3) 根據啤酒色澤分類，啤酒分為兩類。

① 黃啤酒（淡啤酒）：呈淡黃色，採用短麥芽做原料，酒花香氣突
出，口味清爽，是啤酒生產的大宗產品。

② 黑啤酒（濃啤酒）：色澤呈深紅褐色或黑褐色，是用高溫烘烤的
麥芽釀造的，含固形物較多，麥芽汁濃度大，發酵度較低，味
醇厚，麥芽香氣明顯。

(4) 根據滅菌情況分類，啤酒分為兩類。

① 鮮啤酒：又稱生啤酒，是不經巴氏消毒而銷售的啤酒。生啤酒
中含有活酵母，穩定性較差。

② 熟啤酒：熟啤酒在瓶裝或罐裝後經過巴氏消毒，比較穩定，可
供常年銷售，適於遠銷外地或國外。

4、黃酒

黃酒是世界上最古老的酒類之一，源於中國，與啤酒、葡萄酒並稱世界
三大古酒。

黃酒以大米、黍米為原料，一般酒精含量為 14% ～ 20%，屬低度釀造
酒。黃酒含有豐富的營養，含有 21 種胺基酸，其中包括特種未知胺基酸，
而人體自身不能合成，必須依靠食物攝取的八種必需胺基酸，黃酒都具備，
故被譽為「液體蛋糕」。

根據糖分含量，黃酒分為乾型黃酒、半乾型黃酒、半甜型黃酒、甜型黃
酒四類。

①乾黃酒：糖量小於每毫升 0.1 克（以葡萄糖計）。「乾」表示酒中含糖量少，糖分都發酵變成酒精，故酒中的糖分含量最低。該酒屬稀醪發酵，總加水量為原料的三倍左右。發酵溫度控制得較低，開耙攪拌的時間間隔較短。酵母生長較為旺盛，故發酵徹底，殘糖很低。

色香味格：口味醇和鮮爽，濃郁醇香，呈橙黃至深褐色，清亮透明，有光澤。

②半乾黃酒：含糖量為每毫升 0.01 ～ 0.03 克。「半乾」表示酒中糖分還未全部發酵成酒精，還保留了一些糖分。在發酵過程中，要求較高。酒質濃厚，風味優良。可長久儲藏，是黃酒中的上品。

色香味格：口味醇厚柔和鮮爽，濃郁醇香，呈橙黃至深褐色，清透有光澤。

③半甜黃酒：含糖量為每毫升 0.03 ～ 0.1 克。該酒工藝獨特，是用成品黃酒代水，加入發酵醪中，使糖化發酵的開始之際，發酵醪中的酒精濃度就偏高，在一定程度上抑制了酵母菌的生長速度，由於酵母菌數量較少，對發酵醪中的產生的糖分無法轉化成酒精，故成品酒中的糖分較高。該酒酒香濃郁，酒精濃度適中，味甘甜醇厚，為黃酒中之珍品。缺點：不宜久存。儲藏時間愈長則色澤愈深。

色香味格：醇厚鮮甜爽口，酒體協調，濃郁醇香，清亮透明，有光澤。

④甜黃酒：含糖量每毫升 0.1 ～ 0.2。一般採用淋飯法，拌入酒藥、搭窩先釀成甜酒釀，當糖化至一定程度時，加入 40% ～ 50% 濃度的米白酒或糟燒酒，以抑制微生物的糖化發酵作用。由於加入了米白酒，酒精濃度也較高，可常年生產。

色香味格：鮮甜醇厚，酒體協調，濃郁醇香，呈橙黃至深褐色，清亮透明，有光澤。

⑤ 濃甜黃酒：含糖量為每毫升 0.2 克。

色香味格：蜜甜醇厚，酒體協調，濃郁醇香，呈橙黃至深褐色，清亮透明，有光澤。

四、酒具的發展與演變

中華文化中酒具的歷史十分悠久。早在新石器時期，古人在學會用糧食釀酒的同時，便開始從事各種酒具的製作。

最早的酒具應該是就地取材，利用動物的角或竹節製成的酒器了。

夏代，酒器以陶質為主，品種主要有白陶、黑陶和灰陶的豆、杯、樽等。這一時期由於金屬冶煉業的發展，青銅酒具開始出現。

商人好酒，因此，釀酒業在商朝得到了良好發展。這一時期酒具生產的數量之多、品種之全、紋飾之美、製作之精都是前所未有。青銅酒具成為商代酒具一大特色。

到西周時期，酒具從講究裝飾，向實用方向轉變。周代青銅酒器，製作輕薄精巧，紋飾多為生動活潑的動物紋與細密複雜的幾何紋。周代講究宗法禮儀，對於酒器的使用也強調等級貴賤之分。

進入戰國時期，酒具的種類已經十分完備。青銅酒具主要有壺、鈁、區、卮、杯、尊等。在器形和花紋方面已經擺脫了商代莊嚴、厚重、古拙的風格，取而代之的是生動、輕巧和多樣化的新特點。而鍍金、鍍銀以及用金銀、寶石之類鑲嵌花紋的新技術使得青銅酒器具更加絢麗多彩。與此同時，銅製和漆器酒具也開始出現。

在秦漢時期，漆製耳杯開始盛行，在馬王堆西漢墓出土的漆製耳杯中還寫有「君幸酒」的字樣，那是當時勸人盡興飲酒的雅語，兼有祝福吉祥的意思。「樽」、「卮」都是漢代盛行的酒器，當時還相繼出現玻璃杯、海螺杯等

新型酒器。

唐朝，隨著製瓷工藝的迅速發展，瓷器得以普遍使用，那些做工繁雜，成本高昂的銅、漆製品被逐漸淘汰。著名的越窯以其蒼翠欲滴、如冰似玉的青瓷酒器傳世。執壺是中唐時候出現的一種酒器，正式名為注子。和注子一同使用的是酒杯，酒杯當時有高足杯、圈足直筒杯、帶柄小杯和曲腹圈足小杯等。

五代時期的酒具並沒有出現什麼新花樣，多沿襲晚唐，如酒具在當時多為瓜稜形，壺身較高，嘴和柄也較長，同時出現了與酒具相配套的碗具。

到宋代，酒具已臻成熟。不僅各類器皿具備，而且每種器皿都有多種樣式。如酒壺就有瓜稜壺、獸流壺、提梁壺、葫蘆式壺等。宋代瓷質酒具中，還有一種稱為「經瓶」的酒具，也被叫做梅瓶，「玉壺春瓶」也是宋代比較常見的酒具。

元代梅瓶的製作較多地繼承了宋代的樣式，但元代梅瓶口部分加高，口沿平坦，肩部較豐滿，一般不加蓋。瓶體下腹內弧，更顯清秀。高足杯是元代創新的新酒具，是當時瓷器中最流行的酒器造型。

明代的玉壺春瓶、梅瓶、執壺、高足杯等酒器，基本上保存了元代的造型特點。但從便於使用上考慮，在酒具的造型上，整體傾向是改變元代厚重、粗大的風格，而趨向於輕巧、灑脫。

清代的酒具製作大多仿製宋、明，當然也有一些創新，如康熙年間用西洋進口的琺瑯彩料繪製的瓷胎畫琺瑯酒器就是一種名貴的宮廷御器，俗稱「古月軒」瓷器。此外還有「碧銅杯」、「銅龍」、「文尊」等酒器。當時以竹、木製成的酒器頗受人們喜愛。

進入二十世紀後，由於釀酒工業發展迅速，留傳數千年自釀自用的方式逐漸被淘汰。現代釀酒工廠，白酒和黃酒的包裝方式主要是瓶裝、罈裝，對

於啤酒而言，有瓶裝、桶裝等。

酒類的消費特點決定了這一時期的酒具有以下特點：

小型酒杯較為普及。這種酒杯主要用於飲用白酒。酒杯製作材料主要是玻璃、瓷器等，近年也有用玉、不銹鋼等材料製成。

中型酒杯，這種杯既可作為茶具，也可以作為酒具，如啤酒、葡萄酒的飲用器具。材質主要是以透明的玻璃為主。

有的工廠為了促進酒的銷量，將盛酒容器設計成酒杯，得到消費者的喜愛。酒喝完後，還可以作為杯子。因便利性較高，越來越多人選擇罐裝啤酒，這也是典型的包裝容器和飲用器相結合的例子。

酒杯種類繁多，造型各異，有歷史、地理等原因，同時，也反映了一定的科學性和藝術性。在與人交流中，正確選用酒杯是非常重要的。

第一編　不可不知的酒文化常識

第二章　酒禮與酒俗

酒俗和酒禮，是酒文化的重要內容。酒俗的發明是和酒同時產生的，而且隨著社會的不斷發展而演變。酒俗在民間的傳承，具有濃厚的文化色彩和多種功能。酒禮是一種在酒桌上大家必須遵守的禮節，懂得酒桌禮儀才能縱橫酒局。

一、古代酒禮與酒德

飲酒作為一種飲食文化，在遠古時代就形成了一種大家必須遵守的禮節。這種禮節在現在看來略顯繁瑣。但假如在當時一些重要場合下不遵守禮儀，就會有犯上作亂的嫌疑，因此不可不遵，不能不從。又因為人一旦飲酒過量，往往無法自制，容易生是非，因此，制定飲酒禮節也就更顯重要。明代的袁宏道專門寫了一篇〈觴政〉。這雖然是為飲酒行令者寫的，但對於一般的飲酒者也有很好的參考價值。

從文字可考的歷史來看，古代飲酒有以下一些務必要遵守的禮節：

古代飲酒禮儀約有四步：拜、祭、啐、卒爵。就是先作出拜的動作，表示敬意；接著把酒倒出一點在地上，祭謝大地生養之德；然後嘗嘗酒味，並加以讚揚令主人高興；最後仰杯而盡。

主人和賓客一起飲酒時，要相互跪拜。晚輩在長輩面前飲酒，叫侍飲，通常要先行跪拜禮，然後坐入次席。長輩命晚輩飲酒，晚輩才可舉杯；長輩酒杯中的酒尚未飲完，晚輩也不能先飲盡。

在酒宴上，主人要向客人敬酒（叫酬），客人要回敬主人（叫酢），敬酒時還要說上幾句敬酒辭。客人之間相互也可敬酒（叫旅酬）。有時還要依次向他人敬酒（叫行酒）。敬酒時，敬酒的人和被敬酒的人都要「避席」，起立。普通敬酒以三杯為度。

這些酒禮，有些被淘汰，如跪拜，但更多的仍得以延續至今，仍在使用。

關於酒德兩字，最早見於《尚書》和《詩經》，其含義是說飲酒者要有德行，不能像商紂王那樣，「顛覆厥德，荒湛於酒」。《尚書‧酒誥》中展現了儒家的酒德，這就是：「飲惟祀」（只有在祭祀時才能飲酒）；「無彞酒」（不要經常飲酒，平常少飲酒，以節約糧食）；「執群飲」（禁止聚眾飲酒）；「禁沉湎」（禁止飲酒過度）。

儒家並不反對飲酒，但提倡在飲酒時要有酒德。《易經》釋困卦為「九二，困於酒食」，釋未濟卦為「飲酒濡首，亦不知節也」，都是凶險之象，語含警告。《詩經‧小雅‧賓之初筵》，就褒揚賓客各就席，揖讓不失禮，並批評「曰既醉止、威儀怭怭。是曰既醉、不知其秩」（一到喝醉，就儀態失度，輕薄張狂，連普通的禮節也忘了）。此外，《尚書》有〈酒法〉篇，《抱朴子》有〈酒誡〉篇，晉代庾闡作〈斷酒戒〉，唐代皮日休撰〈酒箴〉，宋代吳淑撰〈酒賦〉，蘇轍撰〈既醉備五福論〉，都諄諄告誡制欲節飲；元代忽思慧的《飲膳正要》，明代李時珍的《本草綱目》，明清之際顧炎武的《日知錄》，也提醒酒為「魔漿」、「禍泉」，少飲有益，濫醉傷身。總體來說，中國傳統主張讓酒回歸到文化的本位，講求以下的酒德：

1、飲酒有度，能自我克制

飲酒時要注意自我克制，十分酒量最好只喝到六七分，至多不得超過八

分，這樣才能做到飲酒而不亂酒禮。明代莫雲卿在〈酗酒戒〉中也論及：與友人飲，以「唇齒間沉酒然以甘，腸胃間覺欣然以悅」；超過此限，則立即「覆斛止酒」（杯倒扣，以示絕不再飲）。對那些以「酒逢知己千杯少」為由勸其再飲者則認為「非良友也」，這也是節飲的榜樣。

2、飲酒要量力而行

一個人要確實衡量自己的飲酒能力，不做力不從心之飲。明明只有三分酒量，卻要豪飲十分，這便是過量飲酒。過量飲酒或嗜酒成癖，都將導致嚴重後果，對身心健康造成危害。《飲膳正要》指出：「少飲為佳，多飲傷神損壽，易人本性，其毒甚也。醉飲過度，喪生之源。」《本草綱目》亦指出：「若夫沉湎無度，醉以為常者，輕則致疾敗行，甚則傷軀隕命，其害可甚言哉！」這就是說，過量飲酒，一傷身體，二傷大雅。有的人或賭酒爭勝，或故作豪飲，或借飲消愁，那都是愚昧的表現、懦夫的行徑，殊不知「借酒澆愁愁更愁」。

3、飲酒不能強勸

清代阮葵生先生在其所著《茶餘客話》中引陳幾亭的話說：「飲宴若勸人醉，苟非不仁，即是客氣，不然，亦俗也。君子飲酒，率真量情；文士儒雅，概有斯致。夫唯市井僕役，以通為恭敬，以虐為慷慨，以大醉為歡樂，士人亦效斯習，必無禮無義不讀書者。」這裡刻劃了酒林中一些近乎虐待狂的歡飲者，他們不醉不休，步步進逼，層層加碼，必置客人於醉地而後快。這些人往往還振振有詞，什麼「今朝有酒今朝醉」呀，「人生難得幾回醉」呀，完全是把沉溺當豪爽，把邪惡當有趣。其實每個人酒量都有所不同，對酒的承受力也是大相徑庭。強勸人飲酒，不僅是缺了酒德，失了酒禮，還容易出事，甚至喪命。因此，作為主人在款待客人時，既要熱情，又要誠懇；既要

熱鬧，又要理智。切勿強人所難，執意勸飲。還是主隨客便，自飲自斟。

　　酒禮和酒德產生之初，具有很強的政治教化和道德規範的目的，是統治階級維護宗法制度和倫理秩序的工具。經過數千年的發展和演變，現代的飲酒禮儀，已經成為傳統酒文化的重要組成部分。

二、現代酒場禮儀

　　自西周時期就將禮儀規範展現在宴飲之中，一直延續了幾千年，並且影響了現代人的酒禮。中國現代酒禮主要從以下幾個面向展現：

1、倒酒禮儀

　　如何倒酒？這個問題在酒桌文化越來越濃的現代社會，已是一個頗受年輕人關注的話題。那麼，我們在倒酒時要遵守哪些禮儀？

　　首先，在倒酒時酒不能滿杯，以半滿為最好。這和許多人動輒說「茶滿欺人，酒滿敬人」的說法有出入。後者更多的是粗人之間的牛飲，並不適合文人騷客之間的對酌。在一些重要場合時，倒酒更是要遵從以半滿為最好的規矩，切不可滿杯。

　　在第一次上酒時，主人可以親自為所有客人倒酒，不過一定要記住，要依逆時針方向進行，也就是從主人右側的客人開始，最後才輪到自己。

　　客人喝完第一杯酒後，可以請第二主人幫忙為他附近的人添酒。如果你同時準備了紅酒和白酒，請把兩種酒瓶分放在桌子兩端。記住絕對不要讓客人用同一個杯子喝兩種酒，這是基本禮貌。

　　除非技巧爐火純青，否則倒酒時請在瓶頸墊上一條毛巾防滑，而且瓶口盡量朝上，免得酒灑出來。

2、敬酒禮儀

一般情況下，敬酒應以年齡大小、職位高低、賓主身分為先後順序，一定要充分考慮好敬酒的順序，分明主次。即使和不熟悉的人在一起喝酒，也要先打聽一下身分或是留意別人對他的稱號，避免出現尷尬或傷感情。既然你有求於席上的某位客人，對他自然要倍加恭敬。但如果在場有更高身分或年長的人，也要先向尊長者敬酒，不然會使大家很難為情。

正常情況下，主人首先要向第一客人敬酒，然後依次向其他客人敬酒，或向所有賓客敬酒。客人也要向第一主人回敬酒，再依次向其他主人回敬酒。晚輩應首先向最年長者敬酒，再依次向長者和同輩敬酒。向女士敬酒，或女士向客人敬酒，應舉止得體，語言得當，不要失禮。在別人正在喝酒、夾菜、吃菜時，不要敬酒。

如果因為生活習慣或健康等原因不適合飲酒，也可以委託親友、部下、晚輩代飲或者以飲料、茶水代替。作為敬酒人，應充分體諒對方，在對方請人代酒或用飲料代替時，不要非讓對方喝酒不可，也不應該好奇地「打破砂鍋問到底」。要知道，別人沒主動說明原因就表示對方認為這是他的隱私。

3、敬酒禮儀

敬酒是指在正式宴會上，由男主人向來賓提議，提出某個事由而飲酒。在飲酒時，通常要講一些祝願、祝福類的話，甚至主人和主賓還要演講專門寫的敬酒辭。敬酒辭內容越短越好。

敬酒可以隨時在飲酒的過程中進行。如果是正式的敬酒辭，就應在特定的時間進行，絕不能因此而影響來賓的用餐。

敬酒時進行乾杯，需要有人率先提議，可以是主人、主賓，也可以是在場的人。提議乾杯時，應起身站立，右手端起酒杯，或者用右手拿起酒杯

後，再以左手托扶杯底，面帶微笑，目視其他特別是自己的敬酒對象，嘴裡同時說著祝福的話。

有人提議乾杯後，要手拿酒杯起身站立。即使是滴酒不沾，也要拿起杯子做做樣子。將酒杯舉到眼睛高度，說完「乾杯」後，將酒一飲而盡或喝適量。然後，還要手拿酒杯與提議者對視一下，這個過程就算結束。

在中餐裡，乾杯前，可以象徵性地和對方碰一下酒杯；碰杯的時候，應該讓自己的酒杯低於對方的酒杯，表示你對對方的尊敬。用酒杯杯底輕碰桌面，也可以表示和對方碰杯。當你離對方比較遠時，可以用這種方式代替。如果主人親自敬酒乾杯後，要回敬主人，和他再乾一杯。

在西餐裡，敬酒乾杯只用香檳酒，並且不能越過身邊的人而和其他人敬酒乾杯，這點一定要牢記。

4、勸酒禮儀

勸酒也是東方人表達敬意和善意的傳統方式。然而不適當的勸酒行為常會導致飯桌上出現不雅行為。

古代文人騷客多追求狂飲、豪飲，以爛醉如泥為最高境界。南宋陸游有句「遣悶唯清聖，忘情付黑甜」。唐代李白更直接爽快：「賢聖既已飲，何必求神仙。三杯通大道，一斗合自然。但得酒中趣，勿為醒者傳。」而「一壺濁酒喜相逢」，則是布衣大眾所好。這些無不說明，很多人以酒買醉。

如果一雙好友在家對飲，盡可一醉方休，但親友聚會、商務宴請的地方是公共場所，喝酒就應有所節制、掌握分寸。醉酒容易失禮、失態、失控，讓賓客雙方都感到尷尬，嚴重時會破壞整個宴會的氣氛。此外，不同地區有不同的酒文化，一些國家和地區視勸酒為不禮貌，主人若是一味勸酒，也很容易無心冒犯賓客。對一些身體虛弱的人，一些天生就不能飲酒的人，一些

愛惜身體的人，一些滴酒不沾的人，你最好不要勸酒。如果勸這些人多飲酒，礙於主人的情面，他們不好拒絕，只能不得已而為之，心裡卻十分反感，那麼你的盛情好意就會得到反效果。

因此，最好還是將傳統酒文化與現代社交禮儀結合，達到敬酒不勸酒的新境界。

三、少數民族飲酒習俗

世間民族百百種，除部分信奉伊斯蘭教的穆斯林之外，通常都有「無酒不成禮」的待客心理。他們以隆重的禮儀真摯坦誠地接待賓客，尤其是在飲酒時，更為重視和諧熱烈的氣氛。由於地理環境和歷史、文化背景的各不相同，各少數民族之間的飲酒習俗自然也是各有特色。以下舉數個民族為例。

1、朝鮮族飲酒習俗

朝鮮族講究禮節。將尊老愛幼作為一種高尚的美德，這一點對飲酒習俗有著深遠的影響。

在酒席上，晚輩不得在長輩面前飲酒。如果長輩堅持讓晚輩喝酒，晚輩要雙手接過酒杯，轉身飲下，並向長輩表示謝意。

「右尊左卑」是朝鮮族的傳統觀念，飲酒時一定要用右手執杯。敬酒時身分低者只能用杯沿碰對方的杯身，不能平碰，更不能將杯舉得比對方高，否則視為無理。

朝鮮族大年初一要喝屠蘇酒，又叫「長生酒」。上元節清晨要空腹喝點酒，認為可使人耳聰目明，一年不得耳病，常能聽到喜訊，故叫做「聰耳酒」。在老人節的「花甲宴席」（回甲節）上，從長子夫婦到孫輩，都要依次斟酒向老人跪拜祝壽。

朝鮮族還有家庭性節日「回婚節」，為雙雙健在的老人舉行結婚六十週年慶典。當日，一對老人重新穿上當年結婚的禮服，接受大家的敬酒祝福，輕歌曼舞，老少同樂。

朝鮮族民間舞蹈《瓶舞》是祝壽時的專門舞蹈。在向老人祝壽的酒宴上，女子頭頂酒瓶，即興曼舞。當壽星酒興濃時，由其女兒、媳婦或孫女頭頂一瓶最好的酒，在席間翩翩起舞，賓客唱歌擊杯碟為之伴奏，舞至精彩處，眾人歡呼，舞者捧下頭上的酒瓶向「壽星」敬酒。人們狂歡暢飲，通宵達旦。

2、藏族飲酒習俗

藏族飲酒的禮儀和習俗極為豐富。每釀新酒，必先敬神，然後依循「長幼有序」的古訓首先向家中的長者敬酒，其後家人才能暢飲。

在逢年過節等喜慶日子飲酒時，如有條件，應採用銀製的酒壺、酒杯。此外應在壺嘴上和杯口邊上黏一小點酥油，這叫「嘎爾堅」，意思是潔白的裝飾。主人向客人敬第一杯酒時，客人應端起杯子，用右手無名指尖沾上一點青稞酒，對空彈灑。同樣的動作做完三下之後，主人就向你敬「三口一杯」酒。三口一杯是指連續喝三口，每喝一口，主人就幫你添上一次酒，當添完第三次酒時客人就要把這杯酒喝乾。

另外，主人招待完飯菜之後，要給每個客人逐一敬一大碗酒，只要是能喝酒的客人都不能謝絕喝這碗酒，否則主人會罰你兩大碗。飯後飲的這杯酒，叫作「飯後銀碗酒」。按理說，敬這碗酒時，應該需要一個銀製的大酒碗，但也可用漂亮的大瓷碗代替。

唱敬酒歌也是藏族族人最有意義的習俗。藏族有一句笑話：「喝酒不唱敬酒歌，便是驢子喝水。」誰來敬酒，誰就唱歌。大家常愛唱的歌大意是：「今天我們歡聚一堂，但願我們長久相聚。聚在一起的人們呀，祝願大家消病

免災！」敬酒歌詞也可由敬酒的人隨興編唱。唱完敬酒歌，喝酒的人必須一飲而盡。

3、蒙古族飲酒習俗

蒙古族歷史悠久，是個熱情好客、講究禮儀、胸懷坦蕩的民族，至今保持著一套特有的民族禮儀。

蒙古族有客來必熱情款待，宴飲必備各種酒，獻上純淨的馬奶酒和各種肉、乳食品。主人和客人必須暢飲，「男女雜坐，更相酬勸不禁」，「客飲若少留涓滴，則主人更不接盞，見人飲盡則喜」，「必大醉而罷」。他們認為，「客醉，則與我一心無異也」。來客後，不分主客，誰的輩分最高，誰坐在上席位置。客人不走，家中年輕女子不能休息，要在旁聽候家長召喚，隨時斟酒、添菜、續菜。

蒙古族接待客人講究禮節，歡迎、歡送、獻歌、獻全羊或羊背等都按禮儀程序進行，程序中都要敬酒或吟誦。一般敬酒禮儀如下：敬酒者身著蒙古族服裝（頭飾、蒙古袍、腰帶、馬靴），站到主人和主賓的對面，雙手捧起哈達（以絹布製成的法器），左手端起斟滿酒的銀碗；獻歌；歌聲將結束時，走近主賓，低頭、彎腰、雙手舉過頭頂、示意敬酒；主賓接過銀碗，退回原位；主賓不能飲酒的，要再唱勸酒歌或微笑表示謝意，以右手無名指沾酒，敬天（朝天）敬地（朝地）敬祖宗（沾一下自己的前額），施禮示敬或稍飲一口；主賓飲酒畢，敬酒者用敬酒時的動作接過銀碗，表示謝意；向主賓敬酒完畢，按順時針方向為下一位客人敬酒或按主人示意進行。

對重要的客人用「德吉拉」禮節：主人手持一瓶酒，酒瓶上糊著酥油，先由上座客人用右手指蘸瓶口上的酥油抹在自己額頭，客人再依次抹完；然後主人斟酒敬客。客人要一邊飲酒，一邊說吉祥話，或唱酒歌。

待客時主人經常要唱敬酒歌敬酒，唱一首歌客人就要喝一杯酒不能拒絕。蒙古族認為讓客人酒喝得足足的，才覺得自己心意盡到了，所以主人家從老到少，輪流向客人敬酒，客人若不喝，主人就要一直唱下去，直到客人喝下為止。

4、壯族飲酒習俗

壯族講究禮節，熱情好客。請客時，只有長者才能與老年客人同坐正席，年輕人必須立在客人旁邊，為客人斟酒後才能入座。年輕婦女不能到堂屋的宴席上共餐，能飲一點酒的老年婦女則可以。

壯族傳統，一家的客人就是全村寨的客人，來客往往會得到各家輪流邀請；特別是貴賓，有時一餐要吃五六家。經常是客人在第一家剛入席，第二三家已派人站在身後等待相請。按壯族習俗，客人是不能推辭的。有經驗的客人絕不在第一家就吃得酒足飯飽，一定要想到還有其他邀請。

宴請賓客時，壯族人常用小勺作為飲酒的器具，而非大碗或酒杯。首先，主人將酒倒在一個大碗裡，然後用小勺從碗裡打酒，送到客人嘴邊。這勺酒客人是一定要喝的，喝完後，按照相同的方法，客人用另一個小勺打酒送到主人嘴邊。待相互餵飲後，大家才會隨意用餐。

有一點一定要記住的是，對壯族來說，謝絕邀請是失禮，喝醉了失態會丟臉，因此一定要掌握好分寸。

5、傈僳族及彝族飲酒習俗

傈僳族男女無論老幼都嗜好喝酒。

招待客人時，水酒是必不可少的，傈僳族認為「無酒不成禮」，有酒就有了相應的禮節。主人用精緻的竹筒將酒盛滿後，往地上倒一點，表示對祖先的懷念，接著自己先喝一口，表示酒是好的，然後將客人面前的其他竹筒盛

滿，雙手舉到客人面前請客人飲用，而後主客共同暢飲起來。

最有趣的莫過於「飲合杯酒」了。傈僳族稱「伴多」，即兩人共捧一大碗酒。這種飲法只有在大家酒興最濃的時候才出現，而且總是由主人首先邀請。主客互相摟著脖子和肩膀，臉靠臉，然後一同張嘴，一口氣飲完。於是酒從他們的嘴角，臉上淌下來，流到衣服上，而他們全然不顧。喝完了，互相對視，開懷大笑。飲合杯酒，只有在親朋摯友或戀人之間進行，過去常常用於貴客來臨、簽定盟約、結拜兄弟的場合上，不分男女，兩人共飲。一旦好客的傈僳族兄弟邀請你同他飲合杯酒，那就意味著他對你充滿了信任，並願與你建立誠摯的友誼。但是，晚輩人不能邀約長輩「伴多」，而且是長輩為晚輩人表示關心，對同輩人表示友好或者未婚男女相互愛慕才飲合杯酒。

6、苗族飲酒習俗

在苗族，有這樣的酒禮，一是「喝換杯酒禮」，一是「揪耳朵換酒禮」，都是為交流情感。喝換杯酒是客人從座席上站起來，自己右手拿的酒杯向右邊遞送，然後用左手接鄰席遞過的杯，大家成一圈，酒杯也相互連著，然後一聲「喝！」，說話間一起將左手接過的酒一飲而盡。下一輪，就是用左手遞酒杯，用右手喝，很有氣氛，也很有情趣。揪耳朵喝酒則更有特色，一般是在兩個人之間進行，站起後，各自用左手揪住對方的耳朵，把用右手端的酒遞給對方喝，喝乾後，相互餵一塊肉給對方，然後落座。

在苗族人新婚的盛宴上，新郎、新娘也要喝一種「交臂酒」，就是把手臂穿插相攏，形成一個環，然後同時喝盡。表示同心同情，至死不渝。

總之，喝酒的禮儀很多，在各民族都有自己的習慣、規矩，無論哪種形式，目的是為了親密關係、增進友誼、融洽氣氛。

四、節日飲酒習俗的起源及演變

　　東方一年中的幾個重大節日，都有相應的飲酒活動，如端午節飲「菖蒲酒」，重陽節飲「菊花酒」，除夕夜飲「年酒」。在一些地方，如江西民間，春季插完禾苗後，要歡聚飲酒，慶賀豐收時更要飲酒，酒席散盡之時，往往是「家家扶得醉人歸」。節日的全新解釋是：必須選一些日子讓人們歡聚暢飲，於是便有了節日，而且節日很多，幾乎月月都有。傳統上人人共飲的節日有：

1、春節：歲酒先拈辭不得，被君摧作少年人

　　春節俗稱過年。漢武帝時規定正月初一為元旦；辛亥革命後，正月初一改稱為春節。春節期間要飲用屠蘇酒、椒花酒（椒柏酒），寓意吉祥、康寧、長壽。

　　「屠蘇」原是草庵之名。相傳古時有一人住在屠蘇庵中，每年除夕夜裡，他都會給鄰里一包藥，讓人們將藥放在水中浸泡，到元旦時，再用這水兌酒，闔家歡飲，使全家人一年中都不會染上瘟疫。後人便將這草庵之名作為酒名。飲屠蘇酒始於東漢。明代李時珍的《本草綱目》中有這樣的記載：「屠蘇酒，陳延之《小品方》云，『此華佗方也』。元旦飲之，辟疫癘一切不正之氣。」飲用方法也頗講究，由「幼及長」。

　　「椒花酒」是用椒花浸泡製成的酒，它的飲用方法與屠蘇酒一樣。梁宗懍在《荊楚歲時記》中有這樣的記載：「俗有歲首用椒酒，椒花芬香，故採花以貢樽。正月飲酒，先小者，以小者得歲，先酒賀之。老者失歲，故後與酒。」宋代王安石在〈元旦〉一詩中寫道：「爆竹聲中一歲除，春風送暖入屠蘇。千門萬戶瞳瞳日，總把新桃換舊符。」北周庚信在詩中寫道：「正朝辟惡酒，新年長命杯。柏吐隨銘主，椒花逐頌來。」

　　「椒」是玉衡星精，能使人身輕能走；「柏」是一種仙藥，能免除百病；古

代人們相信元旦飲用椒花柏葉浸泡的酒，能使人在新的一年裡身體健康，百病皆除，這是一種美好的祝願。

自漢代開始就有元旦飲椒柏酒的習俗。漢代人飲椒柏酒是在紅日微露的元旦之時，這時每家堂階前用火燒烤的竹節還在劈劈啪啪地響，全家人就開始飲用椒柏酒了。飲椒柏酒時先讓全家年齡最小的晚輩飲是因為「正月飲酒先小者，以小者得歲，先酒賀之。老者失歲，故後與酒」。這是當時的習俗，認為年紀小的一過年就長了一歲，值得慶賀。由於人生的壽限一定，而年齡大的長者過了一年就少了一歲，故很珍惜時光，不肯先飲這杯代表增長（或減少）一歲的椒柏酒。

可見，飲屠蘇酒和飲椒柏酒一樣，都反映了人們對美好生活的祝願與嚮往。

在少數民族節日風俗中，過年飲酒也是較為普遍的。蒙古族、滿族的過年風俗和漢族相類同，從農曆十二月（臘月）二十三日便進入過年活動期。臘月二十三，滿族和漢族同稱為過小年，蒙古族叫送火神的「年火」日，此日全家團聚飲宴。除夕夜辭舊歲，正月初一拜年，互相慶賀，舉行家宴或宴請親朋，共祝來年萬事如意。

隨著飲食文化的發展，春節飲屠蘇酒已漸漸消失在歷史的長河中，取而代之的是對酒類的多元選擇和更深層的飲酒文化。

2、元宵節：元宵紅燈高高掛，家家扶得醉人歸

農曆正月十五是新的一年的第一個月圓之日，稱之為「元宵節」，又叫「上元節」。元宵節起源於漢武帝時，正月十五日通宵達旦張燈舉火祭祀太一神的活動，佛教傳入中國後，又融進了燃燈禮佛的內容。後來傳到民間，便形成了戶戶掛燈，城鄉燈火輝煌的元宵節燈會。

　　初唐之時，已經有了元宵夜相聚宴飲的習俗。宋代元宵節在隋唐的基礎上更進一步，元宵節不僅時間延長五天，而且各種名目繁多的燈籠更是大大地超過了唐代，又新增了煙火、燈謎等娛樂，盛況空前。元宵節期間，皇帝與民同樂共觀燈火，與近臣宴飲。尤其是宋徽宗趙佶，每年元宵夜親自上宣德樓觀燈並賜酒給樓下的仕女。

　　南宋都城杭州元宵節，每當夜幕初降，大街小巷頓時懸燈結彩，大小酒樓點燃燈球，鼓樂齊鳴，吸引觀燈的人們前去飲酒。與此同時，大官府第設酒宴賞燈。當時人們在元宵節飲酒賞燈的同時，還流行著吃湯圓的習俗。

　　到了明代，元宵節延長為十天，朝廷特准許賜假給百官，以歡度佳節。酒樓歌館成為觀燈者的落腳聚會處，各行生意興旺。大街之上，在各式花燈之下，賣酒食的、賣湯圓的、賣風味小吃的比比皆是。平民百姓大多在這些酒食攤上喝酒休息。

　　滿族入主中原後，元宵節改為五天，「自十三至十七均為燈節，俗十五日謂正燈耳。每至燈節內廷筵宴，放煙火，市肆張燈」（《燕京歲時記·燈節》）。在這熱鬧空前的上元夜裡，北京城的酒肆紛紛掛出一盞盞新奇別致的花燈，藉以招徠酒客。

　　不僅市面上的各家酒肆裡酒客雲集，生意興隆，市民百姓家也多設家宴以慶元宵佳節。曹雪芹在《紅樓夢》裡所展現的宴飲場面雖說是貴族高門的情景，平民百姓之家無法與之相比，但是可以從中得知清代人元宵節酒俗的概況。整個元宵夜，賈府上上下下幾乎所有人都在飲酒。

　　自漢代以來陸續形成的元宵節觀燈、飲酒、吃元宵（湯圓）的風俗，直到今天仍盛行不衰。

3、清明節：酒香留客在，鶯語和人詩

清明節是二十四節氣之一，它最早是農事的重要節日。時間約在陽曆四月五日前後。人們一般將寒食節與清明節合為一個節日，有掃墓、踏青的習俗。這一天，家家要禁煙火，只能吃預先做好的冷熟食，故稱為寒食節、熟食日等。「寒食棗團店，春低楊柳枝。酒香留客住，鶯語和人詩。」這是唐代詩人白居易在寒食節過棗團店時寫下的詩篇。翠柳、黃鶯和飄香的美酒，讓旅途中的人們留下寒食節的深刻印象。

清明節始於春秋時期的晉國。節日裡飲酒不受限制。清明節飲酒有兩種原因：一是寒食節期間，不能生火吃熱食，只能吃涼食，飲酒可以增加熱量；二是借酒來平緩或暫時麻醉人們哀悼親人的心情。古人對清明飲酒賦詩較多，白居易在詩中寫道：「何處難忘酒，朱門美少年。春分花發後，寒食月明前。」杜牧在〈清明〉一詩中寫道：「清明時節雨紛紛，路上行人欲斷魂。借問酒家何處有？牧童遙指杏花村。」

經南北朝到唐代，寒食節飲酒習俗盛行不衰。唐代盛行寒食節上墓祭掃時相聚飲酒之習。宋代以後人們把清明節掃墓當做一件大事。每年朝廷派出多批人員去各陵墓祭掃，官員百姓也到郊外掃墓，並借掃墓之機，攜帶酒食春遊。這樣的掃墓飲酒的習俗直到清末民初仍然盛行。直到今日亦然。

4、端午節：樽俎泛菖蒲，年年五月初

端午節又稱端陽節、重午節、端五節、重五節、女兒節、天中節、地臘節。時在農曆五月五日，大約形成於春秋戰國之際。人們為了辟邪、除惡、解毒，有飲菖蒲酒、雄黃酒的習俗。同時還有為了壯陽增壽而飲蟾蜍酒，為了鎮靜安眠而飲夜合歡花酒的習俗。最為普遍及流傳最廣的是飲菖蒲酒。

據文獻記載：唐代光啟年間（西元八八五至八八八年），即有飲「菖蒲酒」

事例。唐代殷堯藩在詩中寫道：「少年佳節倍多情，老去誰知感慨生，不效艾符趨習俗，但祈蒲酒話升平。」後逐漸在民間廣泛流傳。歷代文獻都有所記載，如唐代《外臺祕要》、《千金方》，宋代《太平聖惠方》，元代《元稗類鈔》，明代《本草綱目》、《普濟方》及清代《清稗類鈔》等古籍書中，均載有此酒的配方及服法。

菖蒲酒是傳統的時令飲料，而且歷代帝王也將它列為御膳時令香醪。明代劉若愚在《明宮史》中記載：「初五日午時，飲朱砂、雄黃、菖蒲酒，吃粽子。」清代顧鐵卿在《清嘉錄》中也有記載：「研雄黃末、屑蒲根，和酒以飲，謂之雄黃酒。」由於雄黃有毒，現在人們不再用雄黃兌製酒飲用了。對飲蟾蜍酒、夜合歡花酒，在《女紅餘志》、清代南沙三余氏撰的《南明野史》中均有所記載。

當然，今天端午節形成喝酒的習俗也和悼念屈原有關。

屈原是文學史上一位偉大的愛國主義詩人，他剛正不阿，不與奸佞小臣同流合汙，最後由於政治理想無法實現，於農曆五月初五投入汨羅江。據說人們為了使屈原的屍體不為水中魚獸所侵害，拿出粽子、雄黃酒等物倒入江中，因而，後世悼念屈原時多飲雄黃酒和吃粽子。

現如今，雄黃酒早已退出了歷史舞臺，但端午節飲酒的習俗卻得以延續。

5、中秋節：明月易低人易散，歸來呼酒更重看

中秋節又稱仲秋節、團圓節，時在農曆八月十五日。在這個節日裡，無論家人團聚，還是摯友相會，人們都離不開賞月飲酒。

文獻詩詞中對中秋節飲酒的描述比較多，《說文解字》中記載：「八月黍成，可為酎酒。」五代王仁裕著的《天寶遺事》記載，唐玄宗在宮中舉行中秋

夜文酒宴，並熄滅燈燭，月下進行「月飲」。韓愈在〈八月十五夜贈張功曹〉詩中寫道：「一年明月今宵多，人生由命非由他，有酒不飲奈明何？」

唐代釀桂酒較為流行，有些文人也善釀此酒，宋代葉夢得在《避暑錄話》有「劉禹錫傳信方有桂漿法，善造者暑月極美、凡酒用藥，未有不奪其味、沉桂之烈，楚人所謂桂酒椒漿者，要知其為美酒」的記載。

清代釀有「桂花東酒」，為京師傳統節令酒，也是宮廷御酒。對此在文獻中有「於八月桂花飄香時節，精選待放之花朵，釀成酒，入壇密封三年，始成佳釀，酒香甜醇厚，有開胃、怡神之功」的記載。

直至今日，中秋節飲桂花酒、吃月餅，全家人聚在一起賞月的習俗，仍然受人們重視。

6、重陽節：何當載酒來，共醉重陽節

重陽節又稱重九節、茱萸節，時在農曆九月初九日，有登高飲酒的習俗。〈九日與鍾繇書〉載：「歲往月來，忽復九月九日。九為陽數，而日月並應，俗嘉其名，以為宜於長久，故以享宴高會。」曹丕在這裡不僅說了重陽節名字的由來，而且又談了魏時的人們在九月九日登高飲酒以祝健康長壽的風俗。自漢代開始，九月九日登高望遠、佩茱萸、飲菊花酒的風俗就已形成了。

宋代高承著的《事物紀原》記載：「菊酒，《西京雜記》日：『戚夫人待兒賈佩蘭，後出為段儒妻，說在宮內時，九月九日佩茱萸，食蓬餌，飲菊花酒，云令人長壽。』登高，《續齊諧記》日：漢桓景隨費長房遊學。謂日：『九月九日，汝家當有災厄，急令家人作絹囊，盛茱萸，懸臂登高山，飲菊花酒，禍乃可消。』景率家人登，夕還，雞犬皆死。房日：『此可以代人。』」自此以後，歷代人們逢重九就要登高、賞菊、飲酒，延續至今不衰。

明代醫學家李時珍在《本草綱目》一書中，對常飲菊花酒可「治頭風，明耳目，去痿，消百病」，「令人好顏色不老」，「令頭不白」，「輕身耐老延年」等。因而古人在食其根、莖、葉、花的同時，還用來釀製菊花酒。除飲菊花酒外，有的還飲用茱萸酒、茉菊酒、黃花酒、薏仁酒、桑落酒、桂酒等酒品。

歷史上釀製菊花酒的方法不盡相同。晉代是「採菊花莖葉，雜秫米釀酒，至次年九月始熟，用之」，明代是用「甘菊花煎汁，同麴、米釀酒。或加地黃、當歸、枸杞諸藥亦佳」。清代則是用白酒浸漬藥材，而後採用蒸餾提取的方法釀製。因此，從清代開始，所釀製的菊花酒，就稱之為「菊花白酒」。

直到近代，重陽節飲菊花酒、登高的習俗仍然盛行。

7、除夕：歡多情未及，賞至莫停杯

除夕俗稱大年三十夜。時在一年最後一天的晚上。人們有別歲、守歲的習俗，即除夕夜通宵不寐，回顧過去，展望未來。

除夕飲酒始於南北朝時期。梁代徐君倩在〈共內人夜坐守歲〉一詩中寫道：「歡多情未及，賞至莫停杯。酒中喜桃子，粽裡覓楊梅。簾開風入帳，燭盡炭成灰，勿疑鬢釵重，為待曉光催。」

除夕守歲都是要飲酒的，唐代白居易在〈客中守歲〉一詩中寫道：「守歲樽無酒，思鄉淚滿巾。」孟浩然寫有這樣的詩句：「續明催畫燭，守歲接長宴。」宋代蘇軾在〈歲晚三首序〉中寫道：「歲晚相饋問為『饋歲』，酒食相邀呼為『別歲』，至除夕夜達旦不眠為『守歲』。」除夕飲用的酒品有「屠蘇酒」、「椒柏酒」。這原是正月初一的飲用酒品，後來改為在除夕飲用。宋代蘇軾在〈除日〉一詩中寫道：「年年最後飲屠蘇，不覺來年七十歲。」明代袁凱在〈客中除夕〉一詩中寫道：「一杯柏葉酒，未敵淚千行。」唐代杜甫在〈杜位宅守

歲〉一詩中寫道：「守歲阿成家，椒盤已頌花。」

　　除夕午夜，全家聚餐又名為團圓酒，向長輩敬辭歲酒，這一習俗延續到今。

第一編 不可不知的酒文化常識

第三章　關於敬酒辭不得不說

所謂敬酒辭，是依託酒而產生的語言。關於敬酒辭，人類酒文化研究中少有涉獵。可不容忽視的是，敬酒辭在人際交往中發揮著尤為重要的作用，因而使我們不得不多加注意。最早的敬酒辭一定不是正式宴會上的應答祝辭，而應該是以酒祈祀先人、神靈之時的祈禱語。隨著歲月的流逝，經過後人的繼承和發展，祭祀活動不但有了酒，而且敬酒辭也形成了較為固定的內容和格式，最終成了一種習俗。

一、敬酒辭的「前世今生」

1、敬酒辭的起源

人們透過對出土文物的研究，可以對酒的產生和發展做出一個初步判斷。而對於敬酒辭到底產生於何時？人們往往不得而知。一般普遍認為敬酒辭的產生應當在人們能自己製造酒之後。

然而，也有學者提出了相反的觀點，認為最早的敬酒辭一定是產生於人們造酒之前，只不過是沒有酒這一載體，因此也不稱之為敬酒辭而是以另一種稱謂存在罷了。

也有專家認為，最早的敬酒辭一定不是正式宴會上的應答祝辭，而應該是以酒祈祀先人、神靈之時的祈禱語。

專家指出，上古時期，由於對自然界缺乏科學認識，人們對某些神靈、圖騰、祖先無不充滿敬畏。當偶然找到「猿酒」等自然生成的酒時，人們首先想到的不是自己飲用這種具有特殊魔力的汁液，也不是獻給老者尊長，而是將之獻給先祖和神靈，希翼得到庇佑。這樣一來，自然要使用語言讓祂們知道祈求的目的和願望，由首領說些「感謝您賜給我們這珍貴的汁液……保佑我們食物充足……」之類的話。然後，由首領開始，根據尊卑、老幼依次飲酒。

隨著歲月的流逝，經過後人的繼承和發展，祭祀活動不但有了酒，而且敬酒辭也形成了較為固定的內容和格式，最終成了一種習俗。

由此，部分專家認定，人們對神靈的祈禱與祭祀時的話語就是最早的敬酒辭。儘管形式上同現在的敬酒辭相比有很大出入，但是其目的是相同的。

所以敬酒辭的起源應該早於人工造酒，並在那時已經成為了一種習俗。

2、敬酒辭的發展

敬酒辭由最初形式的「猿酒」祈禱，發展到約定俗成的形式，有賴於釀酒工藝水準的提高、釀酒業的發展，以及社會禮儀形式的完善和和諧的文化氛圍。

自商朝開始，人工釀酒便已經開始，酒成為日常飲用品在宮廷開始盛行。

到春秋時期，上層皇家、士大夫階層的各種祭祀活動和各種慶典都已經形成了固定的禮儀。再後來，酒進入了尋常百姓家。在不同的文化階層中，都能看到酒的存在。但由於身分地位有別，場合不同，因此飲酒時的敬酒辭也是大相徑庭。春秋時期，酒桌上的敬酒辭基本有兩個明顯的特徵：一是皇家、士大夫的「禮節」敬酒辭；二是尋常百姓家的「歡聚」敬酒辭。

在皇家及上層社會舉行的各種祭祀活動和盛大慶典時，都有即成的禮儀和固定的敬酒辭，所說的話都要遵循禮節。如在宮廷御宴上，大臣向皇帝敬酒時，自然要歌功頌德一番，這些話便是「禮節」性敬酒辭。

在文人騷客、尋常百姓家，無論是喜逢節日，還是送行餞別，酒都已經成了必不可少之物。「勸君更盡一杯酒，西出陽關無故人」的感慨便成為了經典敬酒辭。

春秋後期至隋末唐初，敬酒辭已經形成了固定模式，處於發展階段。人們對酒俗的重視與完善將酒文化推向了一個新時代。

到了魏晉南北朝時，飲酒的風氣更為盛行，尤其是文人墨客，他們將詩酒聯姻、以酒伴詩、以詩敬酒發展到了極致。曹操的〈短歌行〉更是風靡至今，他把以酒抒懷的情致發揮得淋漓盡致。尤其是開篇「對酒當歌，人生幾何」之句，更是凸顯豪邁之情，膾炙人口。

竹林七賢中的劉伶更是被後人稱為酒中豪傑，常與李白相提並論。

由於有許多出口成章的嗜酒文人墨客，以致讓人們競相效仿，紛紛以詩敬酒。不管是上層社會還是尋常百姓，都將飲酒作詩作為一種樂趣，作為互敬的一種形式。正因為前人將詩和酒巧妙地連接，才有後來盛唐的詩酒風流，才有各種形式的敬酒辭。

3、敬酒辭走向繁榮

唐朝至元明清時期，敬酒辭走向鼎盛。文人雅客多飲酒作詩，由此將詩酒文化推向了高潮。百姓也形成了飲酒習俗，並逐漸發明了以助酒興為目的的划拳、行令等娛樂方式。

任何一種流行的文學形式都會對當時的敬酒方式產生新的影響，如宋朝詞文化的興起就改變了人們敬酒的方式。在酒席上，人們一改以往吟詩作

對，而是時興賦詞、譜曲，吟唱敬酒，以詞曲表達自己對他人的祝福。

唐詩和宋詞在文學史上具有里程碑的意義，對後世文學產生深遠的影響，即便是現在的敬酒辭也能覓到唐詩宋詞之身影。用詩詞助興十分常見，發揮了畫龍點睛的作用。

到元明清時期，隨著歷史的積澱，酒文化更加濃厚，酒俗也頗為講究，社會上流行這樣的觀點「無酒不成席，宴席必有酒」。酒宴上單純的吟詩賦詞已不再讓人們感到滿足，於是，自元代起，划拳、行令等娛樂方式又登上歷史的舞臺。

這些各式各樣的敬酒辭和娛樂方式，或是被後人直接繼承，或是在此基礎上推陳出新。

隨著白話文的推廣普及，人們說起敬酒辭，已經不再講究對仗工整、押韻，而是追求興致，講究即興，想怎麼說便怎麼說，內容更加自由。尤其是隨著現代人生活、工作節奏的需要，人們便追求用詞簡潔，又意蘊深刻的敬酒辭，由此，經典的古詩詞、簡潔的祝福語在現代酒桌上極為盛行，其特點就是內容豐富、通俗易懂。

時至今日，酒文化早已經成了生活中不可缺少的一部分，敬酒辭的內容更為豐富，形式也是更為多樣化。所以，了解和應用敬酒辭也就成了一種必然，並且在實踐中要能學會靈活運用。

二、敬酒辭的個性特點

敬酒辭是在酒席宴會的開始，主人表示熱烈的歡迎、親切的問候、誠摯的感謝，客人進行答謝並表示衷心祝願的應酬之辭，是招待賓客的一種禮儀形式。通常來說，主人和來賓都要致敬酒辭。主人的敬酒辭主要是表達對來賓的歡迎，而來賓的敬酒辭主要是表示對主人熱情的款待表達謝意。

　　熱情洋溢的敬酒辭能為酒會增添友好的氛圍。同時，酒也只有伴隨著恰如其分的敬酒語言，才能發揮出它的最大魅力，在敬酒辭的推波助瀾下，酒能讓參與者暢所欲言、熱情洋溢，才能營造最和諧的氣氛，才能真正稱為酒宴裡的精靈、友誼的橋梁……可以說，敬酒辭是控制宴會氣氛、掌握宴會節奏、實現宴會目的、保證宴會效果的關鍵所在。

　　通常說來，一篇完整的敬酒辭有以下幾個特點：

(1)　敬酒辭的主旨重在表達祝福、寄託祝願，祝願美夢成真，或祝福對方生活美好、幸福等。

(2)　敬酒辭的篇幅不宜太長，講究言簡意賅，而又要求意義雋永。

(3)　敬酒辭的內容要極具吸引力和感染力。用詞要慷慨激昂，熱情洋溢，充滿喜悅與期望之情，以使對方感到溫暖和愉悅，受到激勵與鼓舞為宜。

(4)　在遣詞造句上不能使用辯論、譴責、責備、批評等詞句和語氣。

(5)　語言要口語化。宴會是生活交際的歡快樂章，只有貼近生活的口語才能讓人感到親切。

(6)　祝辭要有節奏感。敬酒的語言如果有了比較好的節奏感、韻律感，會為敬酒增加感染力。敬酒辭中的韻律感和節奏感並非一定要說韻文，而是要在語言的選擇上、通篇結構上，在表達的語速上有韻律感和節奏感，喚起宴會參與者心靈的節拍，合成心曲的樂章。

(7)　頌揚和祝福要掌握分寸，不能誇誇其談。過分誇大的讚美、溢美之詞會讓對方覺得受之有愧，難免不安，同時自己也會有諂媚之嫌，因此，一定要注意好分寸。

三、敬酒辭的結構框架

敬酒辭是日常應用寫作的文體之一。其內容以敘述友誼為主，要求篇幅短小，文辭莊重、熱情、得體、大方。

祝詞的結構形式有「簡約型」和「書面型」兩種：

簡約型多用一兩句精粹的詞語，把自己最美好的祝願表示出來，有時也可以引用詩句或名言來表達自己的心意。

另一種是書面型，全文由標題、稱呼、正文和祝願語等幾部分構成。

1、標題

書面型標題可以直接寫為「敬酒辭」等，也可以由講者姓名、會議名稱和文種構成，如「○○○在○○會上的敬酒辭」、「○○○在○○宴會上的演講」等。

2、稱謂

稱呼一般用泛稱，可以根據到會者的身分來定，如「各位長官」，「女士們、先生們」，「朋友們」等等。為了表示熱情和親切、友好之意，前面可以加修飾語「親愛的」、「敬愛的」等，如「敬愛的總統閣下」、「親愛的各位來賓」等。

除正式的稱呼外，在某些輕鬆的場合，稱謂還可以表現得詼諧點，能引來會心一笑，整個酒會的氣氛可以變得輕鬆活躍。

如果是經常相見的老朋友相聚，自然可以省去諸多禮節，在稱呼上，可以直接用「各位」，或者「朋友們」，然後直接說敬酒辭即可。

3、正文

致詞人在什麼情況下，向出席者表示歡迎、感謝和問候，都是有一定講究的。致詞人應根據宴請的對象、宴會的性質、用簡潔的語言概述一下主人必要的想法、觀點、立場和意見，可以追述以往取得的成績，也可以展望未來。

比如在公司成立週年慶上，可以這樣說：

「今晚，我們歡聚在風景秀麗、幽靜怡人的○○花園，共同迎接新年的美好時刻。此時，撫今追昔，我們感慨萬千；展望前程，我們心潮澎湃。

即將過去的一年，是化工產業實施改革與發展策略承上啟下的一年；是全體員工迎接挑戰、接受考驗、努力克服困難、出色完成全年任務的一年。一年來，我們以飽滿的工作熱情和奮發向上的精神狀態，高效率地進行各項工作，取得了顯著的成績，為公司成為一流化工產業奠定堅實的基礎。

回顧過去的一年，我們在爭取好成績、進行企業改革中取得了突破性進展；○○呈現出近年最好的趨勢，公司實現 XX 億產值這一歷史性突破已成定局；我們在公司體制改革中成績斐然，這部分我們是化工產業的尖端；公司所取得的突破和收獲，得到主管機關的高度褒揚和充分肯定；公司成功取得開發區的補助與建造許可，建成風格各異、優雅別致的 X 棟別墅和 X 棟辦公大樓，擴大我們的固定資產規模，為公司的永續發展和進一步拓寬經營領域提供有力的保障。以上這些累累碩果，都與全體幹部、員工所付出的艱辛和努力密不可分，與我們頑強打拚、開拓創新、無私奉獻的敬業精神密切相關。這種艱辛和努力都會被刻在公司的歷史中，這種敬業精神令人敬佩。在此，我代表公司管理階層全體成員向為公司建設和發展做出貢獻的全體幹部、員工以及你們的家屬表示親切的問候和衷心的感謝！

朋友們，新的一年即將來臨，我們在品嘗美酒，分享勝利喜悅的同時，

還要清楚知道：國際化貿易下的社會，化工企業將面對大量的機遇和更加嚴峻的挑戰。我們必須抓住新機遇，迎接新挑戰，以高度的使命感和責任感來推進公司的改革和發展。

新的一年，我們將肩負躋身化工產業龍頭這一目標，擔負著繼續加快企業建設和老舊設備汰換的計畫，進一步強化員工實力、提高現代化管理能力、建立優秀企業文化等一系列重要而艱鉅的重任。我們將在管理創新、創新機制、科技創新上發揮各位的聰明才智，用我們勤勞的雙手去創造無愧於時代的光輝業績。

朋友們，再過不久，和著新年的鐘聲，我們將攜手跨入嶄新的一年。我堅信有各位幹部員工的眾志成城，我們的目標一定會實現，我們的企業一定會不斷發展壯大，○○公司一定能鑄就新的、更加壯美的輝煌。」總之，正文是敬酒辭最主要的部分，要爭取把敬酒人所要表達的情意全部表達出來。

4、結尾

常用「請允許我，為誰、為什麼而乾杯」。

如：在某開業典禮上，可以用「現在讓我們共同舉杯：為感謝各位來賓的光臨，為我們的事業蒸蒸日上，為我們的財源廣進，乾杯！」

在新婚宴會上，可用「請各位來賓共同舉杯：讓我們為兩位新人喜結連理，比翼雙飛，乾杯！」

總之，在結尾，一定要把自己的祝福傾注在「喝這杯酒的目的」上，讓祝福的陽光溫暖每一個人的心房。

四、敬酒辭的不同面孔

根據不同的宴會風格，敬酒辭可以分為以下幾種形式。

1、莊重式敬酒辭

莊重式敬酒辭適用於迎送外賓外商、重大慶典、商務交往等宴會。

主體風格要沉穩、莊重，語言講究精煉，富有影響力。可以引用名詩、名言、警句，只要應用合理，往往能得到意想不到的效果。由於中外名人、名詩特別是中國古典詩詞的特殊感染力，不但能將酒宴的氣氛渲染得熱烈，使表達的意境得以昇華，讓詩酒更風流，更能讓人體味到人的文化素養和風采。

當然，在一些歡快場合，也有人採用這種「莊重式」的祝詞，但目的和效果不是為了莊重，而是要「反彈琵琶」，追求莊重式的幽默效果。

2、詼諧式敬酒辭

詼諧式敬酒辭主體語言風格以調侃、幽默為主，最利於調節宴會氣氛，增進感情。

詼諧式敬酒辭廣泛應用於喜慶、迎送、友人相聚等場合，無論是主人，還是來賓，或是其他客人，都可以應用。

如果說莊重式祝詞展現出了敬酒風格中正的一面，那麼詼諧式敬酒辭則主要展現了「奇」的一面。

3、故事引申式敬酒辭

故事引申式敬酒辭是指在熱烈的氣氛中有張有弛，講一個十分精煉的小故事，然後引申為敬酒的主題。

這種方式多用於中場祝詞。在宴會的開始階段和結尾時，尤其是在開始時不適用這種方式。

透過故事引申的方法敬酒，可以讓氣氛更加輕鬆愉快，能夠更加巧妙地表達自己的意圖，是商務交往中運用迂迴策略，在不傷感情、不影響總體氣

氛的情況下表達自己想法的最聰明的選擇。這種方法常見於一些勵志、送別等友人相會的聚會上。

4、隨機應變式敬酒辭

隨機應變式敬酒辭和詼諧式敬酒詞有所不同的是，後者是在有所準備的情況下擬定的敬酒辭，而隨機應變式敬酒辭都是事發突然時所作的敬酒辭。主要展現在「奇」字上，這個「奇」更主要展現在現場發揮，臨場應用上，即需要即時、即情、即酒生情，要當機立斷，當場發揮。要能旁徵博引，妙趣橫生，充滿奇思妙想，出人意料。在採用這種祝詞方式時，需要注意語言風度的掌握和語速的控制。

如在會見重要客戶的宴會上，突然，一位隨行員工不慎將一個酒杯碰倒，酒灑到桌子上，又流到了客人的褲子上。待清理之後，主人舉杯說：「各位，剛才的不慎，使酒瓶倒在桌上，酒灑到了貴客身上。我在深感不安和歉意之餘，想告訴大家，我們的工作人員對王總經理的為人和氣質十分欽佩，想和他進一步交往，因此，就心有所思，手有所動，使酒瓶『倒』向了王總，酒澆（交）王總的衣服上，浸到了身上，讓我們大家一陣忙亂，都被沾上了深情，交情長久（酒）。讓我們大家為感情的交流和溝通，為我們的友情地久天長，乾杯！」

五、敬酒辭是一種語言藝術

敬酒辭的整體風格要展現出短、真、暢、幽、直、妙。

1、短：敬酒辭要言簡意賅

宴會上，大家都持箸用餐，舉杯待飲，敬酒辭必須以簡短的篇幅表達深意和真情。敬酒辭只有別具一格才能精煉，只有精煉才能展現其本質特徵，

才能在熱情四溢時恰到好處地收尾，且耐人尋味。

2、真：真情溢於言表

無論是接待重要的外商，還是本土企業家，或是與客戶的工作聚會、與友人的小聚，酒宴上的祝福辭只有真情實意，才能讓酒成為感情的黏著劑，用自己的真誠和著酒的作用，使賓主之間肝膽相照，使陌生人成為朋友。

3、暢：語言一定要流暢

流暢的語言能給人以愉悅的感覺。語言的流暢能讓人感受到致詞人的信念和自身對所要表達的主題和情感的信心，也更能展現致詞人的風采。

4、幽：幽默詼諧

這是有智慧和修養的人才能表現出來的魅力。恰到好處的調侃、詼諧，能將酒的作用發揮到極限。幽默詼諧的酒辭能給宴會帶來歡快的氣氛，是達成宴會目的的重要條件。

5、直：直截了當

敬酒辭忌諱遮遮掩掩，說話躲躲藏藏。敬酒辭要用短時間，將主題表達出來，因此要求直觸中心，直接表明向誰敬酒、為了什麼、祝福什麼。說話不夠直接的後果，可能是說了半天，賓客仍然不知所云。

6、妙：妙語連珠，趣味橫生

即用連珠妙語烘托氣氛，達到妙趣橫生的效果。這有一定的難度，但是也有一些技巧是可以參考的。比如，引用一些名言、名句、警語，與宴會主題和現場的氣氛相配合，加上自己的組合，見機而行，即便達不到妙趣橫生的效果，在場人也會敬佩你的創意。

掌握了以上幾個要點，便能讓你的敬酒辭出色。

第四章　敬酒、勸酒、擋酒的藝術

　　俗話說：「酒逢知己千杯少。」但實際上，酒不過是一種載體，酒桌上的溢美之詞才是將酒桌氣氛推向高潮的關鍵。只有你知曉敬酒、勸酒的技巧與方法，再加上適當運用，才能喝得出色。你也只有通曉擋酒的藝術，才能喝得盡興而不敗興。

一、敬酒，巧妙的表達感情

　　宴會敬酒，想要盡興，不但要有精妙的敬酒辭，同時還要講究方法，只有配合合適的方法，才能讓敬酒辭更出色，才能讓宴會氛圍更和諧。尤其是在某些商業談判場合，需要以敬酒的方式通融感情、拉近關係的目標。或者是用敬酒，讓對手在酒後會談時放鬆警惕，使自己處在有利地位；或者是互相飲盡杯中酒，增進感情。即便是友人相會，有時也會有不飲無法抒懷，不飲不能盡歡，不飲便無法抒情的情況。

　　為了讓友人盡興，就需要掌握敬酒的藝術，如何敬酒？下面為大家一一介紹。

1、宴會開始敬第一杯酒的方法

　　一件事情，有一個良好的開端，才能為事情最終取得成功奠定好的基礎。敬酒同樣如此，第一杯酒十分重要。

　　敬第一杯酒，一定要根據不同的情況來進行，一定要有禮貌，要飽含深

情。如果是在很莊重的外交場合，那麼在敬第一杯酒的時候一定要注意來賓的國籍以及風俗習慣，敬酒用語既要展現出應有的熱情，又要注意不卑不亢，更不能強人所難。總體原則是，飲酒要有度，熱情要適度，一定要掌握分寸，展現自己的風度。

如果是與客戶交往的宴會，那麼敬酒時一定要根據實際，對不同的客戶，採取最適當的敬酒方式。在酒宴中，一種情況就是交往雙方感情融洽，宴會的主要目的是為了增進感情，那麼敬酒就可以表現得比較輕鬆、隨便；第二種情況是彼此在商務宴會前僅僅是一般的關係，需要經由這次酒宴來增進感情，那麼，敬酒時一定要有大家風範，要盡地主之宜，讓客人盡興，這樣才能為之後的談判打下良好的基礎；第三種情況是雙方首次相見，尚未開始會談，宴會中都想讓對方多喝一些，己方少喝一些，以便在會談時更主動一點，同時這個宴會也是在互相探聽背景、底牌，舉杯敬酒也是互相試探的過程，因此，敬酒時既要注意熱情有度，又不能與來賓拼酒，以免讓來賓反感，影響正式會談的品質。只有掌握以禮敬酒、以情敬酒、以智行酒、以實融酒，才是上策。

如果是家宴、喜宴、慶典宴，敬第一杯酒時就要展現出宴會的主題、主人的盛情和對來賓光臨的歡迎。舉杯祝福萬語千言全融於酒，傾觴恭賀千杯百盞盡看開頭。

如果只是友人小酌，大可不必拘泥於形式，敬酒辭越實在、貼切，越能讓人感到親切，越能讓人開懷暢飲。

2、相互敬酒時敬酒的藝術

首杯酒喝完後，宴會進入相互敬酒階段。這時的敬酒辭就要注重以情敬酒，杯盛熱情。用熱切感人的話語融入杯中獻給來賓。

如果是與外賓歡聚，自然還是注重禮儀，增進感情。

如果是商務應酬，更要融入深情。合作會談情為先，酒品如人品，情通事就通。如果能以自己的深情融會雙方的情感，那麼，一些爭論和分歧也會得到緩和和化解。

如果是朋友小聚，或家宴便宴，需要借酒抒情，那麼這時的敬酒辭便要傾注著滿腔深情，動之以情。

相互敬酒還只是宴會的起始階段，因此需要用熱情洋溢的祝辭，用酒使大家融情，使大家抒懷，以使酒宴盡興。

3、酒宴進入高潮時的敬酒藝術

當酒宴按主人的意圖進入舒緩和諧的氛圍，主賓之間感情越來深厚的時候，這時作為東道主還需要盡地主之誼，要敬酒助興。當然，這時敬酒不能強行拼酒，逼人狂飲，只是借酒盡到敬酒盡歡的情意。

這時候的敬酒辭，要說一些雙方感興趣的、能夠增進友誼的經歷或趣聞軼事。

4、推波助瀾的敬酒藝術

宴會進入高潮後，賓主雙方均已「酒過三巡，菜過五味」。這個時候，敬酒者應根據宴會目的、來賓的興致程度，在還需要飲酒的時候敬酒。這就需要採取其他的辦法，以別具一格的敬酒辭，達到敬酒的目的。

這個時候敬酒，無論是商務活動的宴會還是友人之間的聚會，都必須掌握酒飲微醉這個限度。需要牢記的幾點是：外交活動的宴會應「敬酒不勸酒」；商務活動或親友便宴應掌握在「勸酒不拼酒」，絕不硬勸硬灌。在這個前提下，如果仍然需要敬酒，就得靠即景生情、靈活多變的敬酒辭。

即景生情不僅僅是見到什麼樣的情況怎樣引申敬酒，而是靈活機智，避

重就輕，自然引申。能夠喚起人們共鳴，得到好的效果。

5、酒宴接近尾聲時的敬酒技巧

酒宴越是到臨近結束，敬酒就越發困難。所以要想敬酒成功，就得靠標新立異、新穎別致的敬酒辭才能出奇制勝，收到凝聚萬般情的效果。

在一次商務宴上，負責招待的總經理無論怎麼敬酒，客人都禮貌地表示難以從命。總經理急得焦頭爛額，因為他們事先得知，這個客人酒如果喝得不盡興，合作就只能成為泡影。隨行陪同應酬的副總經理在服務員將一盤魚呈上來時，舉杯站了起來說道：「各位來賓：我給大家再敬杯酒，這杯酒我借著剛剛呈上來的這盤『清蒸魚』，向各位表示衷心的祝福之情。如果各位認為我說得對，就請乾杯。你們看，吃魚頭，獨占鰲頭；吃魚腮，滿頰靈氣；吃魚眼，珠玉滿目；吃魚唇，唇齒相依；吃魚骨，中流砥柱；吃魚鱗，連連有餘；吃魚腹，推心置腹；吃魚背，倍感親密；吃魚子，財智無數；吃魚尾，機敏迅疾！讓我們共同舉杯，為吃魚給我們帶來年年有餘，事事如意，乾杯！」眾來賓都被他的風趣幽默、別樹一幟的敬酒辭所感染，不但立即舉杯暢飲，而且那位最重要的客人還表示自己願意多喝一杯，想記下吃魚的各部位祝辭都是怎樣說的。

運用即物生情的辦法在友人小酌時可以更加靈活，不拘泥於菜餚的引申祝福，還可以隨機應變，更加幽默，更加自然。

二、勸酒，酒後才可吐真言

在酒宴上，既要讓對方盡其所能地喝酒，又要活躍氣氛，此外還要不傷和氣，不損人面子，這就需要勸酒者掌握一定的勸酒技巧。

勸酒的原因出於情感需求，可能是得意：升官發財、長壽得子、洞房花

燭、金榜題名等。遇此佳期，都要「人生得意須盡歡，莫使金樽空對月」，此時，遞過去的是甜酒喜酒，希望與人同享歡樂。也有可能是憂愁：「日日無窮事，區區有限身，若非杯酒裡，何以寄天真。」是啊，人生不滿百，常懷千歲憂，何不今朝有酒今朝醉，明日難來明日愁。還有分別，想今後關山遠隔，魚雁無憑，也只能「勸君更盡一杯酒，西出陽關無故人」地遞過去一杯了。這時酒杯裡盛滿的是苦水，希望夥伴同擔煩惱，共消憂愁。

　　甜也好，苦也好，喝酒總需與知己共飲，惟有知己可心心相印，息息相通，故能同患難，共歡笑。知己相聚，勸君不嫌其多，「酒逢知己千杯少」，知己難得，相聚共飲更難得，好不容易有個機會，怎能不一醉方休！

　　因此，勸酒者以知己者為上，遞過來的不是一杯酒，而是滿滿的情，是一顆心。更多的時候，我們不是與知己喝酒，而是作為賓客。這時，殷勤的主人，惟恐待客不周，屢屢勸進，務必使客人嘗好菜、品好酒，盡興而歸。如果說知己是以情勸酒，好主人則是以禮勸酒，為客的都能感到溫馨的人情味。

　　最糟的是以力勸酒，這不是勸酒，簡直是逼酒，有意讓同飲者出乖露醜，以灌醉他人來顯示自己的酒量，滿足自己飛揚拔扈的快感。碰到這種場合，真是酒興全無半杯多。那麼，我們該如何勸酒？

1、著重強調場合的特殊含義

　　俗話說：「人逢喜事精神爽。」有些人在平時不怎麼喝酒，但在一些特殊的喜慶場合就願意喝兩口。一方面是因為心裡高興，另一方面也是場合的特殊性使然。那麼，勸酒者在勸酒時不妨多強調一下此場合的重要性、特殊性，指出它對於對方的價值和意義。如此一來，既能激發對方的喜悅感、幸福感、榮譽感，又使他礙於特定的場合而不得不愉快地再飲一杯。

2、專挑無傷大雅的毛病，罰酒三杯

「罰酒三杯」是東方勸酒的獨特方式。罰酒的理由五花八門，最為常用的是對酒席遲到者「罰酒三杯」。

要罰對方酒，還需要調動在場其他人的力量，爭取讓大家認同自己的說法，然後鼓動他們一起給對方施壓。

通常說來，只要挑出的「毛病」不是牽強附會或無理取鬧，而且能夠注意用語的適當、追求幽默的效果，那麼對方是不會產生反感的。

3、讚美對方，滿足其虛榮心

任何一個人對別人的讚美都是無法抵抗的，尤其是在酒桌上，熱鬧的氣氛很容易讓人的虛榮心得到膨脹，而虛榮心一膨脹，人就免不了要做出一些超出常規的「豪壯之舉」。另外，在酒桌上也要讚美對方的酒量或事業成績，如果對方堅持不喝，就會涉及到面子的問題，酒桌上眾人的眼光會給他一種無形的壓力；迫於這種壓力，對方也得拿起酒杯。

4、適當為步，以退為進

對於酒量有限的人，過分地勸酒顯然不太好，不妨適當讓步，自己喝一杯，別人喝半杯，或改喝低度酒，以此達到勸酒的目的。對方在你的讓步下，一般不會再推脫，多少總會飲一些。

勸酒時除了要牢記以上四點，還要避免以三點：

1、不能自醉

飲酒一定要適量，要自我克制，不能豪飲狂喝，醉而後已。這樣的行為會帶給身體極大的損害，同時也有礙酒宴和諧的氣氛。因此，喝酒一定要適量，不能自醉。

2、不能堵醉

有人喝酒，不是實事求是、量力而行，而是互相逞強、彼此打賭。這樣一來，往往導致喝酒過量，自找罪受。

3、不能勸醉

勸酒本是敬意，適量則可。但是有些人，在這方面存有偏見，似乎不把人勸醉便「不夠意思」。於是，不管對方酒量如何，一味硬勸。而有些人，為了顯示其酒量，往往有勸必飲，來者不拒，結果喝傷了身子，最後樂極生悲。

總之，只有理智勸酒、理智飲酒，才能既保持健康，又保人緣。

三、擋酒，不要被別人擺平

成功拒酒，不但能使自己免受腸胃之苦，而且不會讓對方覺得你不給面子，更不至於傷了和氣，壞了事情。因此，現實中有必要擁有一套實用「拒酒術」，它可以讓你「卻酒不失禮，拒酒結情誼，讓酒顯瀟灑，避酒人稱奇」。

具體如何做，下面為你一一呈上。

1、打感情牌

你可打開天窗說亮話：「九千九百九十九朵玫瑰也難成全一個愛情。只有感情不夠，才用玫瑰來湊。因此，只要感情好，能喝多少就喝多少。我不希望我們的感情添加那麼多『水分』。我雖然喝了一點，但這一點是一滴濃濃的情。點點滴滴都是情嘛！」

你可以試試這樣說：「跟你不喜歡的人在一起喝酒，是一種苦痛；跟你喜歡的人在一起喝酒，是一種感動。我們走到一塊，說明我們感情已經到位。

只要感情到位，不喝也陶醉。」

你如果確實不能沾酒，就不妨說服對方，以飲料或茶水代酒。你問他：「我們有沒有感情？」他會答：「有！」你順勢說：「只要感情有，喝什麼都是酒。感情是什麼？感情就是理解，理解萬歲！」然後你以茶代酒，表示一下。

2、實話實說，求得諒解

事實勝於雄辯，且無懈可擊。拒酒時，如果能凸顯事實，說明實際情況，再配上得體的話語，則令勸酒者欲言又止，輟杯罷手。

如果你是開車去參加宴會，可以用酒後駕車既違反交通規則又不安全為由拒絕別人的敬酒，相信能得到對方的理解。

3、推脫家人反對

通常來說，如果一個男人在酒桌上以妻子不讓自己喝酒為由拒絕，除了會讓人笑自己是妻管嚴之外，還會被人一致認定為這是藉口。

這時候，你必須把「禁令」的後果展現出來，讓勸酒的人感受到，讓你喝酒是在害你，這樣，他也就會停止勸酒了。

你可以說：「我老婆聞不了酒味，你看，她從來不參與酒席。我要是滿口酒氣回家，她非跟我離婚不可。你如果真為我好，那就讓我以茶代酒吧！」

這樣一來，明理人自然也就無話可說，無計可施了。

4、找人代飲

如果您是上司，可以使用李代桃僵，但要有一個好祕書，最好是好酒量、好膽量的。沒有上酒山下酒海的決心，沒有幾罐高粱不醉，沒有古今中外什麼酒都喝遍的能力，是絕對不行的。上司喝夠以後不再喝，一切由祕書代勞，兵來將擋，水來土掩。優秀的領導者喝酒，要有一個優秀的祕書

當助手。

你可以說：「我很感謝你的盛意，但我真是天生酒量不好，所以您這一番心意只能心領了。要是您執意要喝，那我就只能讓我的祕書代飲了。她全權代表我，她喝了，就等於我喝了，不知您是否同意我的提議？」

5、以子之矛，攻子之盾

若勸酒者採用的是欲抑先揚的策略：先恭維你是「高人」是「朋友」，言外之意就是 —— 如果你不喝酒，就不配為「高人」，不配為「朋友」。那麼你也可以反過來這樣說：「你要我喝酒簡直真是要我命。如果拿我當朋友，就不要害我。」言外之意就是你要我喝酒就不夠朋友！因為勸酒者都有一個心理，喝也罷，不喝也罷，口頭上都必須承認是朋友，是兄弟。抓住這個弱點反擊，勸酒者礙於「朋友」的情面，不得不就此作罷。

總之，拒酒的辦法還有很多，要隨機應變，「兵來將擋，水來土掩」。酒文化中既有勸酒辭，也有「擋酒術」，如果你沒有酒量，憑著你的機智和口才也可以在交際場上應對周旋，遊刃有餘。

第二編
敬酒辭在日常生活中的應用

第一章　就職酒：人生得意須盡歡，莫使金樽空對月

　　所謂敬酒辭就是剛上任的政治人物、公司管理階層在就職宴會上，對來賓表示感謝和表達決心的演講。對於那些追求事業功名的人來說，當得到升官準備就職之際，備一杯薄酒，邀自己的上司、下屬，共敘感情也是情理當中的事。

一、就職敬酒辭的結構及其注意事項

敬酒辭的結構包含以下四個要素：

1、稱謂

稱謂是指對現場來賓的稱呼。具體稱謂要根據來賓身分的不同而定。總體要求是要恰當、得體。

就職敬酒辭面對的來賓不外乎以下幾種情況：

(1)　面對的是部門管理者和本部門員工。這時的稱謂可用「各位長官、全體同仁」。

(2)　面對的是政要名流，可以用職稱如「各位委員、議員……」等等。

2、開頭

敬酒辭的開頭通常都是致詞人借此機會表達自己的心情和對來賓

的謝意。

比如，一位新當選的市長在他就職宴會的開頭這樣說道：「今天是我一生當中最難忘的日子，也是最榮幸的日子，同樣也是最激動的日子。在此，我向所有支持我的市民表示衷心的感謝！向在座的各位同仁、伙伴和全市三百萬父老鄉親表示崇高的敬意！」

如此開頭，情真意切，給來賓以良好的印象和感受。

3、正文

正文是敬酒辭的主要內容。內容應該側重就職者的工作目標，打算和將要採取的措施，以獲取來賓的信任和支持。

4、結尾

結尾通常都會展望未來，發出號召，給來賓以激勵和鼓舞。結尾用詞一定要充滿強烈的凝聚力、感染力和號召力。

一篇優秀的敬酒辭要注意以下幾個問題：

1、感情要真摯

在致詞中，要將自己強烈而真摯的感情以適當的方式表現出來，這樣才能產生最大的感染力和號召力。

2、祝辭要簡潔

敬酒辭一定要言簡意賅，不能長篇大論。要做到主題集中、突出、層次少而有條理，語言精煉通俗，讓聽眾一聽就懂。

3、內容要真實

敬酒辭的內容要真實，要講真話，講實話，要給人以真實親切之感，不

能嘩眾取寵。

二、敬酒辭賞析

新校長就職敬酒辭

【主題】就職敬酒

【場合】就職宴會

【人物】教育部官員、老師

【致詞人】新任校長

【祝辭風格】情真意切

敬愛的各位長官、各位老師：

大家晚安！

今天，對我來說是一個隆重的日子，特別值得紀念的日子。首先，請允許我衷心地感謝我投入教育迄今待過的學校以及教育部的長官對我的信任與栽培，感謝各位同仁對我的關愛和支持，尤其是前任校長，他的艱辛努力為學校今後發展奠定了堅實的基礎。在此，我向各位長官、老師們以及我的前任校長表示衷心的感謝！

身為○○高中的校長，我深知自己的人文底蘊、學科知識、決策能力、服務精神都還有進步的空間，要勝任校長這一職位，必須付出艱鉅的努力……

此時此刻，我想借用一位先哲說過的話來表達我的心情與願望，那就是「智山慧海傳真火，願隨前薪作後薪！」

最後，祝願大家身體健康，闔家幸福！

乾杯！

工會會長就職敬酒辭

【主題】就職敬酒

【場合】就職宴會

【人物】民意代表、政府官員、工會會員

【致詞人】新任工會會長

【祝辭風格】熱烈、深情

敬愛的各位長官、各位委員、議員、同仁們：

大家晚安！

承蒙大家的厚愛，選舉我擔任工會會長，這不僅是對我的一種認同與接受，更是對我的信任和重託，也是對我的鼓舞和鞭策，在此，我由衷的感謝，並向各位致上崇高的敬意。

我深知這個職位責任重大、任務艱鉅，肩上的擔子沉重。多年來，工會經營在前會長○○○先生的帶領下，以及工會上下所有成員的共同努力，積極進取，已經打下良好的基礎，成功為大家爭取了許多權益，像是工時的規範與薪水的計算方式改進等等。我將倍加珍視先前就已形成的工會傳統、經驗、做法，珍視全體同仁對我的信任、支持和期望，我必將把這種信任和期望化為前進的動力，堅持與時俱進、開拓創新，努力推動工會的健康發展，並為全體成員爭取更多你們應得的福利與權益。

在今後的工作中，我將努力、勤奮地學習。盡快提高自己的專業知識和業務能力。

今後，我將主動與各位董事、同仁加強溝通和交流，廣泛聽取大家的意見和建議。堅持做到識大體、顧大局，大事講原則、小事講風格，和大家一同並肩前行，捍衛所有同業。同時，我也懇請各位董事和成員以更有利於工會的經營為出發點，多提寶貴意見和建議，開誠布公，坦誠相待，共同維持

我們良好的工會經營與成果。

在今後的工作中，我將嚴格要求自己，務必做到清正廉潔。無論在什麼時候、在什麼情況下，我都將牢記這一點，為全體成員鞠躬盡瘁；時時做到自重、自省、自警、自勵。各位長官、各位成員們，工會會長對我來說是新的起點、新的開始，在今後的日子裡，衷心希望大家對我的工作多指教、多幫助、多支持。

最後，祝願大家事業順利，身體健康，萬事如意。乾杯！

醫院院長就職敬酒辭

【主題】就職敬酒

【場合】就職宴會

【人物】醫院同事

【致詞人】新任醫院院長

【祝辭風格】熱烈，莊重

親愛的各位同仁們：

大家晚安！

承蒙各位垂愛，委託我到○○市立醫院任職並作為大家的領導者。這對我來說是莫大的榮幸。同時，我也深知肩上責任的分量和責任的重大。

作為本市醫療機構的龍頭，多年來，在我之前的院長以及各位同仁不懈努力打下的堅實基礎上，我們醫院無論是整體外觀形象還是內部醫療器具，無論是基礎設施改善還是醫療服務水準提高，無論是學科專業知識還是醫德醫風的建立，各方面都有了大量進步。就○○市來講，我們的醫療和服務水準毋庸置疑；我們的地位和作用，不可替代；我們的設施和技術，無可比擬。

今後，在我們共同奮鬥的日子裡，我真誠地希望大家能夠共勉、互助，讓醫院的工作邁入新階段。

最後，為大家生活幸福、工作順利，我們乾杯！

部門經理就職敬酒辭

【主題】就職敬酒

【場合】就職宴會

【人物】公司高層、同事

【致詞人】新任部門經理

【祝辭風格】熱情奔放

各位長官，各位同事：

大家好！

承蒙長官們對我的信任和重託，安排我來○○部與大家一起工作，我深感榮幸。在此，我衷心感謝公司與長官們對我的栽培、提拔和信任，感謝大家為我舉辦的歡迎晚宴，特別要感謝○部長與○董事親自送我到部門任職。

從今天開始，我將和同仁們一起工作、學習，對此我感到非常的榮幸，也相信和大家在一起的日子一定會非常愉快。在座的各位當中，很多同仁都是我的老同事了，我原來在這個部門工作過。二○○七年調任其他部門，如今，又回來了，心裡倍感親切。

今天，我走上這個位置，深感責任重大，為此在往後的工作中，我將恪盡職守，認真履職，一是盡快融入我們的部門，熟悉情況，進入角色；二是更加努力學習，建立良好風氣，維護團隊精神，做好同仁表率，也希望大家把團結看作是自己的責任，做到相互尊重、相互信任、相互支持、相互體諒，大事講原則，小事講風格，維護好我們的團隊精神，增強凝聚力和戰鬥力，營造一個更加團結、舒適、和諧的氛圍；三是尊敬前輩，團結新人，謙虛謹慎，向大家學習，今後工作中，我將與大家經常溝通、交換意見，通力合作。由於我個人能力有限，在業務知識和工作經驗上一定有不足之處，所

以在往後的工作中，希望長官和同仁們能夠給我多點幫助和建議，我會虛心接受，不斷上進；四是積極主動，準時高效率地完成上司交辦的各項任務，並做好我的本分工作在此，我希望得到在座各位董事長官、同事的大力支持和幫助。

我相信，只要我們團結一心，主動爭取，開拓進取，我們的部門一定會越來越好，我們的日子也一定會越來越好！

現在，讓我們為明天的美好，乾杯！

藝文學會會長就職敬酒辭

【主題】就職敬酒

【場合】就職宴會

【人物】學會成員、文化部官員

【致詞人】新任藝文學會會長

【祝辭風格】語言樸實，熱情四溢

各位長官、各位代表：

大家晚安！

我有幸被推選為藝文學會第五屆會長，倍感榮幸。同時對此重任，本人深感才疏學淺，力不從心，誠惶誠恐，但我仍然要真誠感謝各位成員對我的信任。我深知此項工作責任重大、使命艱鉅，我定會鼓足勇氣，和全體成員一起，努力做好本學會的各項工作。

當前，文創產業正處於跨越框架獲得提升、負重打拚的關鍵發展時期。文創能夠展現一個地方的精、氣、神，深入地方鄉野，虛心向在地耆老請教，從現實生活中汲取創作養分、激發藝術靈感，努力創作傳承地方特色與意識的優秀作品，持續傳承擁有珍貴特色的文化生活。我們要認真履行發現、創作、傳承的專業職能，關懷在地，更需要努力把工會建成眾多文藝

工作者的溫馨之家。我們將積極協調好文化機關與各位創作者之間的工作聯繫，積極爭取資金，為文藝創作、展覽、演出、培訓等重要活動創造良好條件。並認真傾聽文藝工作者的意見和建議，努力建立適合市場經濟和文藝工作發的組織體制、運行機制和活動方式，促進文藝產業迎來新的繁榮和發展。

我堅信只要我們同心協力，積極進取，與時俱進，一定能創作出更多深刻、精湛的優秀文藝作品，抒寫出更加光輝燦爛的新篇章。

最後，讓我們共同舉起酒杯，為我們更加美好的明天，乾杯！謝謝大家！

聯誼會會長就職敬酒辭

【主題】就職敬酒

【場合】就職宴會

【人物】聯誼會內部成員

【致詞人】新任會長

【祝辭風格】語言樸實，情真意切

親愛的各位理事、會員們：

大家好！非常感謝大家對我的信任和支持，推選我擔任○○市外來人才聯誼會第一屆理事會會長。對於這一殊榮，本人倍感榮幸，同時也深刻體認到自己身上的責任重大。從各位殷殷企盼的目光中，我看到的是大家的期望與重託。我必將在任職期間與理事會全體成員一起，按照聯誼會的章程規定，盡心竭力進行工作，努力向全體會員獻上令你們滿意的成果。

作為一名外地人，我到○○市已經有近二十個年頭，期間我親歷了這段時間經濟市場所發生的巨大變化，但我們已經挺過來了。同時，在這裡所有的外來人才也找到了充分施展自己才華的舞臺，可以說，我們聯誼會的成立

就是展示個人才華和能力的機會。

作為會長，我將以身作則，為聯誼會的發展盡最大努力。事實勝於雄辯，請讓我用實際行動來向大家證明吧。

最後，祝願我們的聯誼會步步高升，祝願大家身體健康，萬事如意。乾杯！

三、就職賀語參考

海闊憑魚躍，天高任鳥飛！在新的職位，祝您如竹屹立節節高。

寒天梅花一枝秀，祝您高升心依舊，事業有成身體好，來日再把凱歌奏！

你愛工作如同向日葵愛太陽，禾苗愛雨露，那樣堅定，那樣執著。您今天所取得的成就，是您實力的見證，祝賀您取得了一次勝利，期待再傳佳音。

平凡的職位，卓越的成就，不論身處何處都出色。祝你乘風破浪，百尺竿頭，更進一步！

壯志與毅力是事業的雙翼。願你張開這雙翼，展翅高飛。雄鷹屬於天空，因此你不甘於大地，你注定要走上人生的頂點，繼續努力，你將是山峰上最耀眼的風景。

第二編　敬酒辭在日常生活中的應用

第二章　婚嫁酒：葡萄美酒夜光杯，酒不醉人人自醉

　　人生四大喜事之一便是「洞房花燭夜」。對大部分人來說，結婚無疑是人一生當中最喜慶、最幸福的事情了，而精彩的婚嫁敬酒辭更能讓來賓興奮，使新人幸福感倍增。因此，婚嫁敬酒辭不可不知。

一、婚嫁敬酒辭的結構及其注意事項

　　婚嫁敬酒辭是在結婚典禮上發表的，以讚頌新郎、新娘，誇獎郎才女貌的般配，並祝願他們婚後美滿幸福、白頭偕老等內容的演講。其內容多元，重點在於給予良好的祝願，沒什麼約束和規定，只要符合喜慶氣氛就好。

　　婚嫁酒宴的敬酒辭包含以下幾部分：

1、稱呼

由於敬酒辭人身分的不同，因此稱呼自然也是各不相同。

2、開頭

　　如果是親朋好友或者是公司上司致詞，首先應該對新郎、新娘的幸福結合表示祝賀。如「良辰美景，新人成雙。今天，○○○先生和○○○小姐喜結連理，我向你們表示由衷的祝福，衷心祝願你們幸福美滿，白頭偕老！」

如果是新郎或新娘的父母致敬酒辭，首先應該對來賓表示感謝。如「今天是犬子與○○○小姐的大喜之日（今天是小女和○○○先生的大喜之日）。作為新郎（新娘）的父親，我謹代表全家向百忙之中趕來參加○○和○○結婚典禮的貴客們表示由衷的感謝和熱烈歡迎！」、

如果是新郎致敬酒辭，首先應該對所有來賓表示感謝。如「今天我和○○○小姐結婚，我們的長輩、親戚、知心朋友和公司同袍在百忙之中遠道而來參加我們的婚禮慶典，在此，我謹代表我的妻子，我的家人歡迎大家的到來，感謝上司、同袍的關心，感謝朋友們的祝福。謝謝！」

3、正文

正文部分，如果是親朋好友或者是公司上級致詞，那麼應該敘述幾句對他們結婚一事的感想，最好講一些自己了解的有關新郎、新娘之間的愛情經歷。

如果是新郎或新娘的父母致敬酒辭，自然是要表達對新郎、新娘的祝賀，寄託長輩的殷切希望。

如果是新郎致敬酒辭，可以說說浪漫的愛情史。比如是一見鍾情結合，還是志趣相投結合，或是歷盡艱才在一起等，可以表達對父母的感激之情。

4、結尾

結尾部分，如果是親朋好友，長輩父母致詞，應當是對新郎和新娘的未來表示美好的祝願。如「我祝你們夫妻鶼鰈情深，白頭到老！」、「祝你們相親相愛，永結同心，攜手百年！」「祝你們早生貴子，永遠幸福。」

如果是新郎致敬酒辭，自然是對來賓表示祝願，祝福。如「祝各位萬事如意，闔家幸福。」

總之，敬酒辭的內容是豐富多彩的，形式是不拘一格的。越貼近實際情

況，越結合現場狀況，則越親切，越有喜慶氣氛。

　　一篇好的敬酒辭需要做到：突出一個「讚」字，寫出一個「趣」字，多用一些「喜」字。

1、要突出一個「讚」字

　　客人的祝辭要以讚為主，用主要的篇幅來讚美新郎、新娘以及他們的戀愛姻緣的美滿。要讚美新郎、新娘的內在，積極進取的精神，俊美出眾的才貌，讚美他們戀愛、婚姻的志同道合，恩愛甜蜜，魚水和諧等。這樣寫不僅能把祝賀的情感表達得熱烈真切，富有感染力，而且內容充實飽滿。

　　新郎的祝詞要用主要的篇幅讚美自己的雙親，讚美新娘，讚美新娘的雙親，這樣一來，就使這篇祝辭進退合度。

2、寫出一個「趣」字

　　就是要寫得妙趣橫生，趣味無窮。婚禮祝辭是使人「樂」的演講，使新郎、新娘「樂」，使來賓「樂」，使大家在歡聲笑語中度過這段吉慶的時光，留下美好的回憶。趣能生樂，所以，「趣」是婚禮祝辭不可缺少的一個要素，婚禮祝辭一定要寫出一個「趣」字。要寫出一個「趣」字，就要從不同的婚禮特點出發，發現趣點，動用所有有效的藝術手法，做出喜劇效果來。當然，可不是那種故作滑稽的低俗、庸俗，而是幽默。

3、多用一些「喜」字

　　就是多用一些喜慶的字詞，講出喜慶氣氛。婚禮上最突出的特點就是「喜」，你看，滿眼的吉祥紅，張貼大紅「囍」字，高朋滿座，談笑風生，喜氣盈門。當新郎、新娘雙雙步入殿堂，掌聲四起的時候，一篇喜氣洋溢的婚禮致詞，就會使喜上加喜，高潮迭起。要在一篇簡短的婚禮祝辭中營造出濃

烈的喜慶氣氛，就要多用些喜慶的字詞，諸如喜、良、吉、佳、美等，這樣才能與熱烈的祝賀之意相輔相成，相得益彰。

二、敬酒辭賞析

主婚人敬酒辭

【主題】婚嫁敬酒

【場合】婚嫁宴會

【人物】新郎、新娘及雙方的親友、嘉賓

【致詞人】主婚人

【祝辭風格】情真意切，熱烈感人

親愛的各位來賓、女士、先生們：

大家好！今天，是○○○先生和○○○小姐的大喜之日。在此，我首先向新郎、新娘表示熱烈祝賀。向來參加婚禮的來賓朋友表示熱烈歡迎和衷心的感謝。

月下老人巧牽線，世間青年喜成婚。○○○先生精明幹練、學識豐富，○○○小姐秀外慧中、美麗善良，是一對璧人。他們兩人經過相識、相愛、相盼、相守，最終達到今天完美結合，他們的愛情是真誠的、永恆的。他們的婚姻是幸福的、神聖的。

我以主婚人的名義並代表大家希望一對新人在家互敬互愛、尊老愛幼、舉家和睦，在外相互支持、相互鼓勵、比翼雙飛。

此刻，讓我們為幸福的戀人鼓掌，為快樂的愛侶歌唱，為火熱的愛情舉杯，願他們的人生之路永遠灑滿愛的陽光！

最後，祝福各位來賓身體健康，萬事如意，謝謝大家！

證婚人敬酒辭

【主題】婚嫁敬酒

【場合】婚嫁宴會

【人物】新郎、新娘及雙方的親友、嘉賓

【致詞人】證婚人

【祝辭風格】妙語連珠，熱烈感人

親愛的各位來賓：

大家好！

我為承蒙新郎新娘信賴，擔任○○○先生與○○○小姐結婚的證婚人感到萬分榮幸。

在這神聖而又莊嚴的婚禮儀式上，能為這對珠聯璧合、佳偶天成的新人作證致婚辭也感到格外光榮。

新郎、新娘均是優秀的年輕人。新郎○○大學畢業後，憑著自身的聰明才智與不懈的追求理想，積極進取，努力打拚，已躋身於知名企業高級管理階層；新娘也是○○大學畢業，後又考取頂尖大學的研究生，「巾幗何須讓鬚眉，敢與日月爭光輝」，現在也成為一名管理高層。

兩人自大學相識相戀，歷經 XX 年愛情長跑。XX 年，共同澆灌愛情樹，根深蒂固，一枝一葉繁茂盡是深情；XX 年，彼此呵護共風雨，山盟海誓，經受任何考驗與洗禮；XX 年，攜手踏上創業路，互相勉勵，歷盡艱辛終化坦途；XX 年，情獨鐘，愛無怨，山可證，水可鑒，比翼雙飛享藍天。

今生的緣分使他們走到一起，踏上婚姻的紅地毯，從此美滿地生活在一起。上天不僅讓這對新人相親相愛，更會讓他們的孩子們永遠幸福下去。

此時此刻，新娘、新郎結為恩愛夫妻，從今以後，無論貧富、疾病、環境惡劣、生死存亡，他們將會一生一心一意、忠貞不渝地愛著對方，在人生

的旅程中永遠心心相印、白頭偕老、美滿幸福。

讓我們斟滿酒，舉起杯，共同祝願兩位新人永浴愛河，家庭美滿。愛情之樹結碩果，創業路上奏凱歌。

謝謝大家！

新郎父母敬酒辭

【主題】婚嫁敬酒

【場合】婚嫁宴會

【人物】新郎、新娘及雙方的親友、嘉賓

【致詞人】新郎父親

【祝辭風格】情真意切，歡快熱烈

兩位親家、親愛的各位來賓：

大家好！

今天是我兒子與○○○小姐喜結良緣的大喜之日，在這美好時刻：首先，我們非常感謝大家盛情捧場、撥冗光臨！其次，非常感謝各位長官、各位貴賓過去對他們的關心與呵護；今後還望繼續對他們予以更多的關照與厚愛，以便讓他們更加互敬互勵，互愛互助，在經營他們的小家庭之時，更可以做個更好的人！

我們還要由衷地感謝○○○小姐的父母，是他們辛勤養育、精心培育了她，更是他們讓這隻金鳳凰飛入我們家。

…………

緣分使我的兒子與○○○小姐結為百年夫妻，身為父母感到十分高興。他們透過相知、相悉、相愛，到今天成為夫妻，從今以後，希望他們能互敬、互愛、互諒、互助，用自己的聰明才智和勤勞雙手去創造自己美好的未來。

祝願兩位新人白頭到老，恩愛一生，在事業上更上一層樓，同時也希望人家在這裡盡興！

來！讓我們共同舉杯，祝大家身體健康、闔家幸福，乾杯！

新娘父母敬酒辭

【主題】婚嫁敬酒

【場合】婚嫁宴會

【人物】新郎、新娘及雙方的親友、嘉賓

【致詞人】新娘父親

【祝辭風格】情真意切，歡快熱烈

各位來賓、各位至親好友：

大家好！

今天是我的女兒○○、女婿○○結婚的大喜之日，各位親朋好友在百忙之中前來祝賀，我代表全家向各位朋友的到來，表示熱烈歡迎和由衷的感謝！

作為新娘的父親，借此良機對我的女兒、女婿提出我們的要求和希望：希望你們兩個要把今天眾人的關心與祝福變成工作上的動力，在各自的工作職位上貢獻自己的力量，攜手並肩，比翼齊飛。從今天起，你們倆要互敬互愛，在人生漫長的道路上建立溫馨幸福的家。希望你們倆同甘共苦、共創業，永結同心，百年好合。

在這裡還需要一提的是，我非常高興我的親家培養了一個優秀的好兒郎，我也非常慶幸我們家得到一位能幹、孝順的好女婿。

今天，為答謝各位嘉賓，各位朋友的深情厚意，借○○飯店這塊寶地，為大家準備食物飲品招待，不成敬意。菜雖不豐，卻是我們的一片真情；酒雖清淡，卻是我們的一片熱心，若有不周之處，還望各位海涵。

另外，我要感謝主持人幽默、舌燦蓮花的主持，使今天的結婚盛典更加熱烈、溫馨、祥和。讓我再一次謝謝大家。乾杯！

新人長輩敬酒辭

【主題】婚嫁敬酒

【場合】婚嫁宴會

【人物】新郎、新娘及雙方的親友、嘉賓

【致詞人】新郎叔叔

【祝辭風格】樸實，真摯

各位來賓、各位親朋好友：

今天是兩位新人的大喜之日，作為新郎的叔叔，我代表在座的各位親朋友好友向新郎、新娘表示衷心的祝福，同時受新郎、新郎的委託向各位來賓表示熱烈的歡迎。

結婚是人生的大事，面對臺上這對新人，面對臺下這麼多的親朋好友，我送三句話給這對新人：

一是要尊敬和孝敬你們的父母，你們結婚了，意味著你們的父母老了，他們更需要你們常回家看看。

二是不斷進取，勤奮工作，要用實際行動來回饋社會、報答父母、幫助身邊的人。

三是希望你們互相理解，相互包涵，在人生道路上同舟共濟，建設和諧美好的家庭。

最後，我提議，為了兩位新人的富足生活，為了雙方父母的身體安康，也為在座諸位嘉賓的有緣相聚，乾杯！

新人敬酒辭

【主題】婚嫁敬酒

【場合】婚嫁宴會

【人物】新郎、新娘及雙方的親友、嘉賓

【致詞人】新郎

【祝辭風格】激情澎湃，熱情洋溢

敬愛的各位上級長官，親朋好友們：

大家好！

今天我由衷地開心和激動。一時間縱有千言萬語卻不知從何說起。但我知道，這萬語千言最終只能匯聚成兩個字，那就是「感謝」。

感謝我們的長輩、親戚、知心朋友和上司在百忙之中遠道而來參加我們的婚禮慶典，給今天的婚禮帶來了歡樂，帶來了喜悅，帶來了真誠的祝福。

借此機會，要感謝○○的父母，我想對兩位長輩說，您們把手上唯一顆明珠交付給我這個年輕人，謝謝你們對我的信任，我絕不會辜負你們的託付，但我要說，可能這輩子我也無法讓你們女兒成為世界上最富有的女人，但我會用我的生命使她成為世界上最幸福的女人。

同樣，我也要感謝可敬可愛的父母把我養育成人，讓我擁有今天美好的人生。

請大家與我們一起分享這幸福快樂的時光。

最後，祝各位萬事如意、闔家幸福。

謝謝！

伴郎敬酒辭

【主題】婚嫁敬酒

【場合】婚嫁宴會

【人物】新郎、新娘及雙方的親友、嘉賓

【致詞人】伴郎

【祝辭風格】幽默詼諧，情真意切

親愛的各位來賓、朋友們：

大家好！

在這萬物復甦、春風拂面的美好時刻，○○○小姐和○○○先生迎來了他們愛情的春天。作為○○的伴郎，我感到十分榮幸。

同窗數載，歲月的年輪承載了我們太多的美好往昔。年少調皮時，我們曾在課堂上以筆為語、以紙為言，談論著我們感興趣的話題；青春叛逆時，曾在宿舍內把酒問天；碰到不喜歡的課，我們總會找理由、找機會翹課，溜出去玩一下，然後一起被老師罵，一起寫自省書。可無論我們怎樣的「不努力」，每次考試都名列前茅。因此，老師對我們也是又愛又恨。

○○○小姐是○○暗戀已久的對象，這個祕密只有我一個人知道。現在，他美夢成真，終於如願以償地娶到了美麗、溫柔、賢惠的○○，我和全班所有同學為你感到自豪和由衷的高興。

結婚是幸福、責任和一種更深的愛的開始，請你們將這份幸福和愛燃燒得更加猛烈，直到海枯石爛，白髮蒼蒼、牙齒掉光！

今晚，五彩的燈光將為你們作證，月老將為你們作證，在座的親朋好友帶著真誠祝福的心為你們作證。

最後，讓我們舉杯，祝願這對佳人白頭偕老，永結同心！

謝謝！

伴娘敬酒辭

【主題】婚嫁敬酒

【場合】婚嫁宴會

【人物】新郎、新娘及雙方的親友、嘉賓

【致詞人】伴娘

【祝辭風格】幽默詼諧，情真意切

親愛的各位來賓、朋友們：

大家好！

今天我們一起在○○和○○○先生的婚禮上，見證新的美好姻緣。

我與○○是大學同學，四年的相處讓我們成為無話不談的摯友。畢業後我們又在同一個公司為實現自己的理想而打拼著，可以說，我是她身邊最親近的人之一。

作為新娘的好朋友，我有幸了解一對戀人從相愛到走入婚姻殿堂的過程。用兩個字說，那就是 —— 坎坷。一次次的電話，跨越換日線；一次次的長途奔跑，勞頓不已。其間有歡樂，有悲傷；有戲言，有爭吵；有時哈哈大笑，有時淚流滿面。誰說戀愛只會有笑容！

但是，最終他們走到了一起，他們的愛情開花結果。我一直在想，是什麼令他們堅持到了最後，不管是一年前隔著大洲長途奔波，還是兩年前隔著大洋兩兩相望？我想，是愛，是信任，是彼此對未來的信心使他們笑到了最後。

今天，我參加○○的婚禮，為的就是借二位新人一杯喜酒來向你們表達我的祝福。

願你們互相珍惜，同心永結；用幽深的明眸去讀無垠、高遠、青春的天；用輕盈的腳步去趄美麗生活的芳草園；用鬩浪的英姿去搏擊人生路上的煩惱；用深沉的愛去溫馨年紀漸長讀的父母。最後祝你們共享愛情，共伴風雨，白頭偕老！

同時也祝願所有來賓身體安康、工作順心。乾杯！

三、婚嫁賀語參考

1、主婚人、證婚人用賀詞

今天，我帶著喜樂、感恩的心，代表教會向你們致以衷心地祝願：主作之合永恆情，情投意合愛不息；願上帝祝福你們的愛比高天更高更長，你們的情比深海更深更廣！

婚姻是神所設立的，美滿的婚姻是神所賜恩的；願我們的神將天上所有的福，地裡所藏的福，都賜給你們和你們的家庭！

在這喜慶祝福的時刻，願神引導你們的婚姻，如河水流歸大海，成為一體，不再是二，並且奔騰不已，生生不息！

結婚是人生中一個新的里程碑，也意味著你們從今以後要肩負起社會和家庭的重任。此時此刻，新郎新娘結為恩愛夫妻。從今以後，你們會一生一世忠貞不渝地呵護對方，永遠心心相印，幸福美滿。

洋溢在喜悅的天堂，披著閃閃月光，不禁嘆：只羨鴛鴦不羨仙。

願你們一生聽從聖經，孝敬長輩，友愛鄰舍；好使你們在世得福百倍，將來大得賞賜！

兩情相悅的最高境界是相看兩不厭，祝福一對新人真心相愛，相約永久！恭賀新婚之喜。

在這春暖花開、群芳吐豔的日子裡，你們永結同心，正所謂天生一對、地生一雙！祝願你們恩恩愛愛，白頭偕老！

2、親人、長輩用賀詞

願你們的家園如同伊甸園般地美好和諧，在地如同在天！

今天是你們喜結良緣的日子，我代表我家人祝賀你們，祝你們幸福美

滿，白頭偕老！

　　願你們用愛去呵護著對方，彼此互相體諒和關懷，共同分享今後的苦與樂。敬祝百年好合永結同心！

　　結婚是人生中一個新的里程碑，也意味著你們從今以後要肩負起社會和家庭的重任。互敬互愛，孝敬雙方父母，常回家看看。

　　今天成為夫妻，從今以後，你們要互敬、互愛、互諒、互助，用自己的聰明才智和勤勞去創造美好的未來。

3、好友、來賓用賀詞

　　願你們的愛情，比美酒更美；比花朵更馨香；比蜂房下滴的蜜更甜；比極貴的珍寶更加寶貴！

　　願你們真誠的相愛之火，如初升的太陽，越久越旺，大水也不能熄滅！願你們的愛情生活，如同無花果樹的果子漸漸成熟，又如葡萄樹開花放香。

　　託清風捎去衷心的祝福，讓流雲奉上真摯的情意；今朝空氣裡都充滿了醉人的甜蜜。謹祝我最親愛的朋友，從今後，愛河永浴！

　　十年修得同船渡，百年修得共枕眠。於茫茫人海中找到他／她，分明是千年前的一段緣；無數個偶然堆積而成的必然，怎能不是三生石上精心鐫刻的結果呢？用真心呵護這份緣吧，真愛的你們。

　　願你們用愛去呵護對方，彼此互相體諒和關懷，共同分享今後的苦與樂。敬祝百年好合、永結同心。

　　珍惜這愛情，如珍惜著寶藏，輕輕地走進這情感的聖殿，去感受每一刻美妙時光。

第二編　敬酒辭在日常生活中的應用

第三章 餞行酒：
勸君更盡一杯酒，一腔熱血勤珍重

「故人西辭黃鶴樓，煙花三月下揚州。孤帆遠影碧空盡，惟見長江天際流。」關於離別之情，從李白的這首詩裡便能感受至深，依依惜別之情溢於言表，如果有一杯酒做陪襯，這一定是最感人至深的敬酒辭。俗話說，天下無不散的宴席，相聚的人總會分離，在這離別之際，少些愁緒，多些祝福。

一、餞行敬酒辭的結構及其注意事項

餞送辭是主人在歡送儀式或宴會上向來賓表示歡送的演講。餞行酒貴在情真意切，將離愁別緒與祝福共寓於酒中。

歡送辭主要由稱呼、開頭、正文、結尾四個部分組成。

1、稱呼

面對不同的人，有不同的稱呼。如「敬愛的師長」、「親愛的各位來賓」、「朋友們」等。

2、開頭

用一句話或一段文字表示歡送的意思。

3、正文

著力述說歡送的原因，寄託希望。

4、結尾

表達祝願。

在致歡送辭時要掌握惜別之情。

古語說得好「相見時難別亦難」，華人重情誼這一千古不變的傳統精神在今天更顯珍貴。歡送辭要表達親朋遠行時的感受，因此，依依惜別之情要溢於言表。當然總體格調也不能太過低落，尤其是公共事務的交往更應該掌握好分別時用語的分寸。

歡送辭通常更強調口語化。遣詞造句時要注意使用生活化的口吻，使送別既富有情趣又自然得體。

如果是歡送來訪外賓，那麼在致歡送辭時，一定要注意了解來賓來訪期間的活動情況，訪問所取得的進展，如交換意見，達成共識，簽署了什麼樣的合約、發表了什麼樣的演講，有哪些方面的合作等。知道了這些情況，歡送辭的內容就會豐富而準確。

二、敬酒辭賞析

升學餞行敬酒辭

【主題】餞行致詞

【場合】餞行宴會

【人物】學生、家人和來賓

【致詞人】主持人

【祝辭風格】深情而又節制

親愛的各位來賓，女士們、先生們：

大家好！

在這金風送爽的日子，我們懷著喜悅，載著祝福，歡聚在這充滿歌聲、充滿笑聲、充滿歡樂的○○大飯店，共同慶賀○家的男孩○○金榜題名，考上○○大學。承蒙來賓們的深情厚誼，我首先代表○家和○○同學對各位來賓的到來，表示最誠摯的歡迎和由衷的感謝！同時也請允許我代表在坐的各位向○家與○○同學表示最真心、最誠摯地祝賀！

人有四大喜事：「久旱逢甘露，他鄉遇故知，洞房花燭夜，金榜題名時。」

我們深切的感到，○○夫婦教子有方且有成，勞苦功高；○○同學學有所獲且有所得，心想事成。這裡，我們再次恭喜○○同學成功地邁出了人生第一步。

我提議，我們共飲三杯，以示祝賀：

第一杯酒，為英才餞行！○○同學即將遠離親人，遠離家鄉挑戰人生，請接受我們共同的祝福：今日金榜題名、展翅高飛，明朝鵬程萬里、前程似錦！

第二杯酒，我們也真誠地祝福他：在新的人生征途上，用自己的智慧，用自己的勤奮，用自己的堅毅，再創佳績，再創輝煌！以更優異的成績凱旋歸來，報答父母的養育之恩！回饋社會，實現人生的美好價值！同時，我們也衷心祝願○○及其家人家庭幸福，萬事如意！

第三杯酒，祝各位朋友一世平安，喜氣洋洋，身體健康，財源廣進，好事接連不斷！

朋友們，乾杯！

歡送員工出國深造敬酒辭

【主題】餞行致詞

【場合】餞行宴會

【人物】公司領導者、同事

【致詞人】公司領導者

【祝辭風格】深情而有節制

朋友們、同仁們：

大家晚安！

今晚的宴會相信大家都知道為誰而開，沒錯，經過公司高層決定，將選派○○出國學習深造。我們為○○能有這樣的機會而感到高興，同時，也使我們對多年共事相處的同事即將遠去打拚而感到難捨難分。

○○作為公司一名老員工，為人忠厚，與同事之間關係和睦融洽；做人行為正派，多年來能始終如一敬業樂群、忠誠企業，是公司不可多得的人才。

俗話說：「這個地球缺了誰照樣能運轉。」這話沒錯，但是對於我們來說，沒有誰能夠取代○○的位置。儘管我們會非常想念他，捨不得他離開，但是，為了他能有更好的發展，是雄鷹，我們就該給他提供更加廣闊的天地，我們祝願他在未來的日子裡得到他應有的幸福。

在這裡我謹代表公司高層和全體職員對○○所作出的努力表示由衷感謝。同時公司也希望全體職員學習○○這種敬業勤業精神，努力做好本分工作。

古語云：「莫愁前路無知己，天下誰人不識君。」我相信，前方大有賞識你的人存在，希望○○在以後的日子一如既往關心我們，並與同事之間多多聯繫。

最後，讓我們舉杯，祝○○旅途順利，早日學成歸來，乾杯！

歡送老校長調任敬酒辭

【主題】餞行致詞

【場合】餞行宴會

【人物】學校校長、嘉賓、老師

【致詞人】繼任校長

【祝辭風格】飽含深清，生動感人

同志們：

今天，我們懷著依依惜別的心情在這裡歡送○校長轉去○○中學任校長！

○○在○○中學工作的這段時間，工作兢兢業業、態度勤懇，教學成績出色，為學校的發展作出了不可磨滅的貢獻。今天，在即將離開服務多年的學校的之際，請允許我們代表全校三千多名師生以熱烈的掌聲向○校長表示衷心的感謝，並致以敬意！同時，我也衷心希望○校長今後仍能繼續支持關心○○中學的發展，也希望○○中學與○○中學結為更加友好的姐妹校，更希望您能在百忙中抽空回來看看，因為這裡有您耕耘的土地，這裡是您傾注過心血和汗水的第二故鄉。

下面，讓我們為了○校長全家的健康幸福、為了我們之間的友誼天長地久，為○校長事業更上一層樓，乾杯！

三、餞行賀語參考

你有你的路，我有我的路，但忘不了我們在一起的朝朝暮暮，無論路途多遙遠，無論天涯海角，請別忘記我送你的最衷心祝福。

人生路漫漫，你我相遇又分離。相聚總是短暫，分別卻是久長，唯願彼

此的心能緊緊相隨，永不分離。

我們匆匆地告別，走向各自的遠方，沒有語言，更沒有眼淚，只有永恆的思念和祝福，在彼此的心中發出深沉的共鳴。

不要說珍重，不要說再見，就這樣，默默地離開。但願，在金色的秋季，友誼之樹上將垂下豐碩的果子。

我珍惜人生中每一次相識，天地間每一分溫暖，朋友間每一個知心的默契；就是離別，也將它看成是為了重逢時加倍的歡樂。

藍天上縷縷白雲，那是我心頭絲絲離別的輕愁；然而我的胸懷和長空一樣晴朗，因為我想到了不久後的重逢。

幾年的時間，我們共同經歷了太多的歡樂與無奈，也許這就是人生，因為失去童年，我們才知道自己長大，因為失去歲月，我們才知道時間的珍貴。星光依舊燦爛，熱情依舊燃燒，因為夢想，所以我們存在，你在你的領域不惜青春，我在我的路上不知疲倦。你即將離開，我把所有的祝福和希望，悄悄的埋在你的身邊，讓它們沿著生命的前進而生長，送給你滿年的豐碩與芬芳。

第四章 生日酒：會須一飲三百杯，醉臥桌頭君莫笑

　　生日是自己的幸福日，同時也是父母的苦難日。生日宴就是為了慶祝這個特別的日子而舉行的慶典活動。慶典的目的一為自己慶生，二為答謝父母養育之恩。在熱鬧的生日宴上，巧妙的敬酒辭自然是不能少的，因為優美的敬酒辭如散發著香氣的玫瑰，如醇香的美酒，能為生日慶典錦上添花。

一、祝壽辭的結構及其注意事項

　　任何一篇敬酒辭都包含了四個部分，祝壽辭也不例外，包括了稱呼、開頭、正文和結尾。

1、稱呼

根據來人身分的不同，有不同的稱呼。如「親愛的各位來賓」、「親朋好友們」等。

2、開頭

用一句話或一段文字表示對來賓的歡迎，感謝。

3、正文

述說壽星的事蹟，一生當中值得誇耀的好事。務必要加入為對方讚美、

肯定的內容。同時也不要忘了，如果場合允許，還應借機表示致詞者對被祝賀者的敬重和謝意。

4、結尾

送上祝福。要認真、誠懇地表達致詞者的良好祝福，祝福被祝賀者「大吉大利」、「健康長壽」、「心想事成」。很多人在給老人祝壽時都會說「祝您福如東海，壽比南山」，但只有這一句是不夠的，還應當根據壽星的具體情況，給予真摯、恰當的祝辭。

給老人祝壽時，要注意以下兩點：

1、祝辭不能渲染「老」字

祝壽辭的中心思想是祝願長者健康、長壽、幸福、快樂。都由晚輩出面，邀請親朋好友參加，歡聚一堂，祝壽辭大部分都隨性而發，多半簡短、親切，你一言我一語，以討老人歡心。因此在致詞時，需要注意的是，在祝辭中要避開「老」字，尤其避免渲染「老」字。

俗話說「人老心不老」，即心理不老，心理不老人就不服老，人的心理年齡和生理年齡不相同，一般是心理年齡比生理年齡年輕。因此，壽而不老是人的正常心態。如果祝壽的人一味地說他老，一旦他自己也感到年老了，從心理上老化了，那麼就會加速他心理和生理的衰老，同祝壽的目的背道而馳。因此，在祝壽時，避開「老」字為好。

2、說話時聲音要洪亮、語速要適中

人到了年老的時候，聽力往往就會衰退，因此，年輕人在給老人祝壽的時候，一定要做到聲音洪亮，語速適中，發音要清晰，要盡量讓老人聽到你對他的敬酒辭。如果壽星都沒聽見你說什麼，那你的敬酒還有什麼意義呢？

孝順是傳統美德，有「百善孝為先」之說。老人家難得高興一回，因此千萬別不顧及老人的感受，隨便敷衍了事就各自玩樂去了。要趁這個機會多給老人一些美好的祝福，並且一定要讓他們清晰聽到，讓老人因你的關心、你的體貼、你的祝福而高興起來。

二、敬酒辭賞析

父母生日敬酒辭

【主題】生日敬酒

【場合】家庭宴會

【人物】親朋好友

【致詞人】兒子

【祝辭風格】情真意切，感情飽滿

親愛的各位親朋好友：

大家好！

春秋更迭，歲月輪回，當新春邁著輕盈的腳步向我們款款走來的時候，我們歡聚在這裡，為我敬愛的父親／母親共祝 XX 歲的生日。在這裡，我代表我們兄弟姐妹和我們的子女們大小共 N 人，對所有光臨寒舍參加我們父親／母親壽禮的各位長輩和親朋好友們，表示熱烈的歡迎和衷心的感謝！

我首先代表所有兄弟姐妹和親朋好友向父親／母親送上最真誠、最溫馨的祝福，祝父親／母親福如東海，壽比南山，健康如意，福樂綿綿，笑口常開，益壽延年！

風風雨雨數十年，我們的父親／母親含辛茹苦、勤儉持家，把我們一個個拉拔長大成人。常年的勞苦奔波，他們的臉上留下了歲月刻劃的年輪，頭上鑲嵌了春秋造就的霜花。所以，在今天這個喜慶的日子裡，我們首先要說

的就是，衷心感謝您們的養育之恩！

我們相信，在我們家庭的共同努力下，我們的家業一定會蒸蒸日上，興盛繁榮！我們的父母一定會健康長壽，會有我們來奉養、有更自由的時間逍遙！

嘉賓旨酒，笑指青山來獻壽。

百歲平安，人共梅花久歲寒。

今天，這裡高朋滿座，讓寒冷的天氣有了春天般的溫暖。君頌南山言南山長春不老，我傾北海希如北海大量尤深。

最後還是讓我們獻上最衷心的祝願，祝福父親（母親）生活之樹常綠，生命之水長流，壽誕快樂，春輝永綻！祝福在座的所有來賓身體健康、工作順利、闔家歡樂、萬事如意！乾杯！

妻子生日敬酒辭

【主題】生日敬酒

【場合】家庭宴會

【人物】親朋好友

【致詞人】丈夫

【祝辭風格】情真意切，感情飽滿

朋友們：

晚安！

大家能夠抽空來參加我太太的生日晚會，本人深感榮幸，也非常感謝，更是對你們的到來表示熱烈的歡迎！大家提議讓我說幾句，其實也沒什麼可說的。大家從我滿臉的燦爛便能看出我內心的幸福。既然大家給了我說話的機會，我藉此向我太太說上幾句。

親愛的老婆，我們那時充滿朝氣，帶著愛情和信任走入婚姻，我要感謝

妳，給了我現在擁有的一切 —— 世上唯一的愛和我所依戀的溫馨小家！很多人說，再熱烈如火的愛情，經過幾年之後也會慢慢消逝，但我們卻像傻瓜一樣執著地堅守彼此的愛情，我們當初勾小指許下的約定，現在都在一一實現和體驗。

今生注定我是妳的唯一，妳是我的至愛，因為我們知心傾心，讓我們攜手一起漫步人生路，一起慢慢變老！

我不會甜言蜜語，我只想對妳說，天變、地變，情不變，給予妳我所有的愛，是我前世、今生、來世最幸福的事。

最後，祝願各位愛情甜蜜，事業如意，乾杯！

朋友生日敬酒辭

【主題】生日敬酒

【場合】生日宴會

【人物】壽星、親朋好友

【致詞人】好友代表

【祝辭風格】詼諧、調侃、幽默

各位來賓、各位朋友：

晚安！

燭光輝映著我們的笑臉，歌聲蕩漾著我們的心潮。跟著彩色的霓虹燈，伴著優美的旋律，我們迎來了○○○先生的生日，在這裡我謹代表各位好友祝○○○先生生日快樂，幸福永遠！

在家靠父母，出門靠朋友，可見，人不可以沒有父母，同樣也不可以沒有朋友。沒有了朋友的人生就會倍顯淒涼，恍如蕭條的深秋，總是缺了生命的綠。沒有朋友的人生像白開水裡沖入了黃連水，苦澀難咽。因為淒涼，因為苦澀，生命便會脫離本色，以至於不再能展現真正屬於生命的風采。

　　朋友是冬日裡的暖陽，一句簡單的問候能幫你驅走嚴寒，朋友又是大雨滂沱時手裡撐著的那把雨傘，替你遮擋風雨……

　　來吧，我親愛的朋友們！我的人生因為認識你們而精彩，〇〇〇先生的人生因為擁有你們而幸福，讓我們端起芬芳醉人的美酒，為〇〇〇先生祝福！祝他事業如日中天，身體壯如猛虎，金錢數不勝數，工作從不辛苦，悠閒像隻老鼠，浪漫好似樂譜，快樂非你莫屬，乾杯！

滿月宴主人敬酒辭

【主題】生日敬酒

【場合】生日宴會

【人物】寶寶、親朋好友

【致詞人】父親

【祝辭風格】深情厚意，熱烈而充滿感情

各位來賓、親朋好友：

大家好！

　　今天是我兒子的滿月宴，承蒙各位前來祝賀。首先請允許我代表我全家對各位的到來表示熱烈的歡迎和衷心的感謝。

　　為表達我此時的情感，我要向各位行三鞠躬。

　　一鞠躬，是感謝。

　　感謝大家百忙之中親自到這裡和我們分享這份喜悅和快樂。

　　二鞠躬，還是感謝。

　　在大家的關注下，我和妻子有了寶寶，升格做了父母，這是我們家重要的里程碑。雖然做父母到現在只有一個月的時間，但是我們對「生身容易養身難」有了更深刻的理解，我們既體驗了做父母的快樂，也體驗了為人父母的艱辛，在這裡我向雙方父母對我們的養育之恩表示感謝，我要特別向老婆

大人在生產過程中忍受巨大痛苦和充滿奉獻精神表示感激。還要感謝我們的親朋好友。正是有了各位的支持關心、幫助才讓我們感到生活更加甜蜜，工作更加順利。也衷心希望大家一如既往地支持我們、幫助我們。

三鞠躬，是送去我們對大家最衷心的良好祝願。祝大家永遠快樂、幸福、健康。

今天在坐的各位都是我們自己人，所以希望大家不要拘束，盡情地吃、盡情地喝，吃好、喝好。謝謝！

滿月宴來賓敬酒辭

【主題】生日敬酒

【場合】生日宴會

【人物】寶寶、親朋好友

【致詞人】來賓代表

【祝辭風格】深情厚意，熱烈而充滿感情

親愛的各位來賓、各位朋友、女士們、先生們：

大家好！

懷著心中的喜悅，帶著由衷的祝福，我們大家歡聚一堂，共同祝賀○○、○○夫婦做了爺爺奶奶，及他們二人的兒子媳婦喜得千金。在此，我代表來賓朋友們，向這家人表示真摯的祝福。

孩子是父母的希望，望子成龍是每位家長心中的願望和期盼，應該說從孩子的呱呱落地到長大成人，無不凝結著父母的辛勤汗水。

小天使帶著對未來的憧憬來到了這個五彩繽紛的世界、充滿著愛的人間，走進了充滿溫馨幸福的家庭。三十天來，整個家族對小天使獻出了無限的愛，小天使也在眾星拱月中快樂而健康的成長著。讓我們大家以熱烈的掌聲祝小天使健康快樂，同時也祝○氏家族人丁興旺，後繼有人。

讓我們祝願這個新的生命，祝願○○○先生的千金，也祝願各位朋友的下一代，在這個祥和的社會中茁壯成長，成為未來的棟梁之才！順祝大家身體健康，快樂連連，全家幸福，萬事圓滿！

周歲宴敬酒辭

【主題】生日敬酒

【場合】滿月宴會

【人物】寶寶、父母、親朋好友

【致詞人】父親

【祝辭風格】深情厚意，熱烈而充滿感情

各位親友：

大家好！

首先對大家今天光臨我女兒的周歲宴會表示最熱烈的歡迎和最誠摯的謝意！

此時此刻、此情此景，我們一家三口站在這裡，心情很激動。面對這麼多的親朋好友齊聚一堂為我女兒的周歲生日慶祝，我們感慨頗多，想借題發揮一吐為快。

為人父母，方知辛勞。寶貝今天剛滿一周歲，在過去的三百六十五天中，我和妻子嘗到了初為人父、初為人母的幸福和自豪感，同時也真正體會到了養育兒女健康成長的無比辛勞。今天在座的有我的父母，還有岳父母，對於我們的養育之恩，我們無以回報。今天藉這個機會向他們四位老人說聲：謝謝了！並衷心地祝他們健康長壽！

在過去的日子裡，在座的各位朋友曾給予我們許多無私的幫助，讓我感到無比的溫暖。在此，我代表我們一家三口向在座的各位親朋好友表示十二萬分的感激！現在和未來的時光裡，我們仍奢望各位親朋好友多給我們善意

的建議與批評。

今天以我女兒一周歲生日的各義相邀各位親朋好友歡聚一堂，若有不周之處，還盼各位海涵。

來吧，讓我們共進一杯酒！祝各位工作順利、萬事如意！謝謝。

十歲生日宴敬酒辭

【主題】生日敬酒

【場合】生日宴會

【人物】小壽星、親朋好友

【致詞人】父親

【祝辭風格】深情厚意，熱烈而充滿感情

各位來賓、親朋好友們：

大家晚安！

今天，我們歡聚在一起，共同祝賀我的兒子Ａ十歲生日。首先，我代表我們全家向大家的光臨表示衷心的感謝！

十年前的今天，伴隨著一聲響亮的啼哭，我和我的另一半懷著喜悅的心情迎來了我們愛情的結晶。時光飛逝，而今，我的孩子已經從當初父母懷中的嬰兒成長為今天瀟灑帥氣的英俊少年。這期間，在我們的精心呵護和照料下，在親戚、朋友、老師、同學們的關愛和幫助下，我的孩子生活幸福，學習進步，茁壯成長，我為擁有這樣一個活潑可愛、富有愛心的兒子而感到高興和驕傲。

十歲是一個非常美好的年齡，是人生旅途中的第一個里程碑，在此，我要對我的孩子說，希望你能成長為一個有知識、有能力、人人喜歡的人，願爸爸、媽媽的條條皺紋、縷縷白髮化作你如花的年華、錦繡的前程。

最後，備對聯一副，以表對各位親朋好友的感激：

上聯是：吃，吃盡人間美味不要浪費

下聯是：喝，喝盡天下美酒切莫喝醉

橫批是：吃好喝好

二十歲生日宴敬酒辭

【主題】生日敬酒

【場合】生日宴會

【人物】壽星、父母、親朋好友

【致詞人】壽星

【祝辭風格】字裡行間蘊含著感恩的心

敬愛的各位長輩，各位來賓，親朋好友們：

大家好！今天，我們歡聚在一起，共同祝賀我的二十歲生日。首先，我代表我們全家向大家的光臨表示衷心的感謝！

在這美麗的夜晚，因你們的光臨我倍感幸福，也因你們的祝賀讓我感覺到我二十歲生日的非凡意義，從今夜開始，我將要更加認真學習，更愛我的爸爸媽媽，更愛所有關心我的前輩、親戚、同學、朋友們，更愛這美麗的世界。

我知道，爸爸媽媽在這二十年裡對我呵護備至，我的一舉一動都牽動著他們的心，為我的健康成長，爸爸媽媽始終無怨無悔地奔波，在這夜晚請允許我先對親愛的爸爸媽媽說聲：爸爸媽媽，謝謝你們！

在伯伯、叔叔、阿姨們的眼裡，我也許還是個沒長大的孩子，但我絕沒有忘記你們平時對我的關愛，不會忘記你們對我調皮搗蛋的寬容。

今夜在這裡的還有我平日裡形影不離的好朋友和朝夕相處的同學，我真的很高興你們能來參加我二十歲的生日晚會，謝謝你們！願我們永遠是好朋友，好同學！

我真誠的想，在我接受來自大家無私祝福的同時，更希望你們也能擁有一段難忘的快樂時光！

因此，我也代表我們全家將最美好的祝福送給大家，祝大家身體健康、生活幸福、萬事如意！再次感謝大家在百忙之中的光臨，希望大家在今天吃的舒心、喝的盡興、玩的開心！

謝謝！

三十歲生日宴敬酒辭

【主題】生日敬酒

【場合】生日宴會

【人物】壽星、父母、親朋好友

【致詞人】壽星

【祝辭風格】字裡行間蘊含著感恩的心

親愛的朋友們：

大家好！

非常感謝大家光臨我三十歲的生日宴，對你們的到來，我和我的妻子表示熱烈的歡迎。

有句古話說「三十而立」。三十歲，對一個男人來說是成家立業之時。這也說明，三十歲是人生的一個里程碑。

三十歲之前，人更多是魯莽、好戰的，不服輸的。但在經歷接連不斷的得失和歲月的磨練之後，三十而立的男人應該是堅定自信、處變不驚的。

三十歲，這是人生的一個新階段，無論這個階段將會發生什麼，我依然要懷著感恩的心情說聲「謝謝」！謝謝父母賜予我生命，謝謝妻子給予我美好的愛情、溫馨的家庭、可愛的孩子，謝謝我生命中健康、陽光的三十歲，謝謝三十歲時我正擁有的一切！

我是幸運的，也是幸福的。在我的人生之旅上，除了有愛我的，和我愛的親人外，還有扶持我，給我幫助，給我支持的朋友們，也是因為有了你們，我才感覺生活是如此絢爛多彩；因為你們，我也感受到了來自親人之外朋友給予的溫暖。我希望，在今後的人生路上，自己能走得更堅定。

為了這份成熟，為了各位的幸福，乾杯！

四十歲生日宴敬酒辭

【主題】生日敬酒

【場合】生日宴會

【人物】壽星、兒女、親朋好友

【致詞人】兒子

【祝辭風格】情真意切，感情飽滿

各位親朋好友、各位來賓：

今天，對我來說是一個值得歡慶的日子，是一個特別的日子。因為，我敬愛的父親在今天迎來了他四十歲生日。首先，我代表我的父親及全家對前來參加生日宴會的各位親朋好友表示熱烈的歡迎和深深的謝意。

第一杯酒，我想請大家共同舉杯，為我們這個大家庭乾杯，讓我們共同祝願我們之間的親情、友情越來越濃，歷久不衰，綿綿不絕，代代相傳，直到永遠！

第二杯酒，藉此機會，請允許我向給予我無私關愛的父親、母親，還有各位長輩致以我的敬意。祝願你們永遠開心，健康長壽，幸福長久。

第三杯酒，獻給出席今晚宴會的所有來賓，願你們永遠快樂、永遠健康、永遠幸福！

最後，再次衷心地祝願爸爸生日快樂，永遠健康！

五十歲生日宴敬酒辭

【主題】生日敬酒

【場合】生日宴會

【人物】壽星、兒女、親朋好友

【致詞人】兒子

【祝辭風格】情真意切，感情飽滿

女士們、先生們，各位親朋好友，各位來賓：

大家好！

歡迎各位的光臨，衷心地感謝各位的盛情厚意。今天是一個特別的日子，是我敬愛的父親五十歲生日。在這歡聚的時刻，我謹代表全家向我敬愛的父親表示真誠的祝福，祝願父親生日快樂，永遠幸福。今天，因為朋友們的光臨，在初春裡平添了幾分溫馨，願所有的來賓在這裡度過一個難忘的時刻！讓我們高舉手中的酒杯，歡聚一堂，共度今宵！

樹木的繁茂歸功於土地的養育，孩子的成長歸功於父母的辛勞。在父親博大溫暖的胸懷裡，我真正感受到了父愛的偉大。在此，我要對您說：謝謝您，我的父親！

五十年的風雨歷程，五十年的酸甜苦辣。如今子女們也開始承擔起為人父為人母的責任，更能體會到老人的慈愛和養育子女的艱辛。對於我來說，最大的幸福莫過於有理解自己的父母。我得到了這種幸福，並從未失去過。

親愛的父親，今天我們歡聚一堂，為您慶祝五十歲的壽辰，這只代表您人生路上走到的第一步，願您在今後的事業樹上結出更大的果實，願您與母親的感情越來越溫馨！

祝各位萬事如意，闔家歡樂。

最後，請大家歡飲美酒，與我們一起分享這個難忘的夜晚。

六十歲生日宴敬酒辭

【主題】生日敬酒

【場合】生日宴會

【人物】壽星、兒女、親朋好友

【致詞人】兒子

【祝辭風格】情真意切，感情飽滿

親愛的各位朋友、來賓：

你們好！值此父親花甲之年、生日慶典之時，我代表我的父母、我們姐弟二人及我的家庭向前來光臨壽宴的嘉賓表示熱烈的歡迎和最誠摯的謝意！

六十年的風風雨雨，人生滄桑，讓您的兩鬢早已斑白。回首過去的六十年，您辛勤地耕耘，換來了豐碩的成果。這六十年，您實現了您的心願，也是心想事成的六十年。

您對兒女的無私奉獻，兒女們會化作前進的動力，永遠銘記在心。您對我們的愛，我們一輩子都難以報答。爸爸，我代表我們姐弟，向您鞠躬！

在此，我祝願爸爸您老人家福如東海，壽比南山。願您生命的每一時刻，永遠都開心快樂！願您的笑容像今日的陽光一樣燦爛，像花兒一樣嬌豔。所有的一切都是為了祝福您。

最後，祝各位嘉賓萬事如意，讓我們共同度過一個難忘的今宵，謝謝大家！乾杯！

七十壽辰宴敬酒辭

【主題】生日敬酒

【場合】生日宴會

【人物】壽星、兒女、親朋好友

【致詞人】兒子

【祝辭風格】情真意切，感情飽滿

各位親友、各位來賓：

晚安！

今天是我父親的七十壽辰，首先，我謹代表全家向各位的光臨表示熱烈的歡迎和由衷的感謝！

父親和母親幾十年來，同甘共苦，相濡以沫，品足了生活酸甜，在他們共同的生活中，結下了累累碩果，那就是他們勤儉樸實的精神，真誠待人的處世之道，無數珍貴的人生智慧，相敬、相愛、永相廝守的真摯情感！

此外，兩位用超乎常人的艱辛養育了我們八位兒女，是他們供養我們讀書成人，奠定了我們人生的起點，是他們用高標準的要求我們建立自己的事業，造就了我們的今天。雖然他們不是高官顯貴、名流宿儒，但他們的一生卻是創業的一生、剛強的一生，他們是普通的，但在我們子女的心中永遠是神聖的、偉大的！我們的幸福來自於他們的支持和鼓勵，我們的快樂來自於他們的呵護和疼愛，我們的團結和睦來自於他們的殷殷囑咐和諄諄教誨！

在此，我作為代表向父親母親表示：我們一定會牢記你們的教導，承繼你們的精神，團結和睦，積極進取，獲得人生的大豐收！

最後，讓我們共同舉杯，祝兩位福如東海，壽比南山，身體健康，永遠快樂！祝來賓們闔家歡樂，幸福美滿。乾杯！

八十歲壽辰宴敬酒

【主題】生日敬酒

【場合】生日宴會

【人物】壽星、兒女、親朋好友

【致詞人】兒子

【祝辭風格】情真意切，感情飽滿

親愛的各位來賓、各位親朋好友：

今天是我母親八十大壽。在這裡，我謹代表全家向出席壽辰的親朋好友們致以最熱烈的歡迎，向我敬愛的母親致以最真誠、最溫馨的祝福！

世界上只有一位最好的女性，那就是慈愛的母親，世界上只有一種美麗的聲音，那便是母親的呼喚。夢中縈懷的母親，我將永遠銘記您的養育深恩。

風風雨雨八十年，您閱盡人間滄桑。您一生積蓄的最大財富是您那勤勞、善良的人生品格，您那寬厚待人的處世之道，您那嚴愛有加的樸實家風。這一切，讓您經歷了坎坷的歲月，更迎來了晚年的幸福生活。

在您的教誨下，我繼承了您的這些優良品格，因此事業也算小有所成，這是您常引以為傲的。您的一生都在替您的孩子建立典範，希望您的孩子都和您一樣，現在您做到了，您是世界上最好的、最偉大的母親。

來賓們，讓我們共同舉杯，祝福我母親生活之樹常綠，生命之水長流，壽誕快樂！

我也代表全家祝福在座的所有來賓身體健康、工作順利、萬事如意！謝謝大家！

九十大壽敬酒辭

【主題】生日敬酒

【場合】生日宴會

【人物】壽星、兒女、親朋好友

【致詞人】兒子

【祝辭風格】情真意切，感情飽滿

親愛的各位來賓、各位親朋好友：

大家好！值此舉家歡慶之際，各位親朋好友前來祝壽，使父親的九十大

壽倍增光彩。我們對各位的光臨表示最熱烈的歡迎和最衷心的感謝！

我們的父親在九十個春秋寒暑中，見證許多歷史的發生，閱盡世道滄桑，嘗遍人間苦辣酸甜，欣逢幸福的晚年！

我們的父親心慈面軟，與人為善。他扶貧濟困，友好左鄰右舍；他尊老愛幼，重親情，重友情，使我們家的老親舊友保持來往，代代相傳！

俗話說：「人生七十古來稀，九十高壽正是福。」

今天，在歡慶我們的父親九十華誕之際，他近在身邊的子孫親人，有的前來、有的寫信、有的致電，都發自內心地用不同的方式祝福他：福如東海長流水，壽比南山不老松！

今天，在歡慶我父親九十高壽之時，我代表他的兒子、兒媳、女兒、女婿及其孫輩後代，衷心恭祝各位親友：諸事大吉大利，生活美滿如蜜！

為慶賀我們的父親九十華誕，為加深彼此的親情、友情，讓我們共同舉杯，暢飲長壽酒，喜進長樂餐！乾杯！

三、生日賀語參考

1、父母生日用賀語

對於我們來說，最大的幸福莫過於有理解自己的父母。我得到了這種幸福，並從未失去過。在您的生日這天，我向您說一聲：謝謝！

在您的身上，我懂得了人生的意義，看到了真正的生命之光，祝您生日快樂！

爸爸，在這個特殊的日子裡，所有的祝福都帶著我們的愛，擁擠在您的酒杯裡，紅紅的，深深的，直到心底。

安逸靜謐的晚年，一種休息，一種愉悅，一種至高的享受！祝您福如東

海長流水、壽比南山不老松！

您是大樹，為我們遮蔽風風雨雨；您是太陽，為我們的生活帶來光明。親愛的父親，祝您健康、長壽。祝您生日快樂！

當我憂傷時，當我沮喪時，我親愛的父親總在關注著我。您的建議和鼓勵幫助我度過難關，爸爸，謝謝您的幫助和理解。祝您生日快樂！

夢中縈懷的母親，您是我至上的陽光，我將永遠銘記您的養育之恩 —— 值此母親壽辰，敬祝您健康如意，福樂綿綿！

2、另一半生日用賀語

這是鬱金香的日子，也是你的日子。願你每年這一天都芬芳馥郁！

今天是你生日，很想和你一起過。水仙花開了，等你回來。祝生日快樂，永遠開心。

一年中，今天是屬於你的：你的生日，你的誕生。我祝賀你。這張賀卡，還有真誠的心，都是屬於你的。

嬌豔的鮮花，已為妳開放；美好的日子，已悄悄來臨。祝妳生日快樂！

今天有了你世界更精彩，今天有了你星空更燦爛，今天因為你人間更溫暖，今天因為你我感覺更幸福！

真的很想在妳身邊，陪妳度過這美好的一天，我心與妳同在。愛你。

我願是葉尖上的一滴水珠，從清晨到夜晚對妳凝視，在這個特殊的日子裡，化為一聲默默的祝福。

有樹的地方，就有我的思念；有妳的地方，就有我深深的祝福，祝妳生日快樂！

今天是你的生日，但你不在我的身邊。在這春日的風裡，做一隻風箏送你，載有我無盡的思念。

3、朋友生日用賀語

在你生日的這一天，我將快樂的音符，作為禮物送給你，願你擁有三百六十五個美麗的日子，衷心地祝福你 —— 生日快樂！

在你的生日之際，誠摯地獻上我的三個祝願：一願你身體健康；二願你幸福快樂；三願你萬事如意。

願每天的太陽帶給你光明的同時，也帶給你快樂。真心祝你生日快樂！風是透明的，雨是滴答的，雲是流動的，歌是自由的，愛是用心的，戀是瘋狂的，天是永恆的，你是難忘的。真心祝福你 —— 生日快樂！

悠悠的雲裡有淡淡的詩，淡淡的詩裡有綿綿的喜悅，綿綿的喜悅裡有我輕輕的祝福，生日快樂！

願所有的快樂，所有的幸福，所有的溫馨，所有的好運永遠圍繞在你身邊！生日快樂！

只有懂得生活的人，才能領略鮮花的嬌豔；只有懂得愛的人，才能領略到心中芬芳，祝你有一個特別的生日。

日光給你鍍上成熟，月華增添你的嫵媚，生日來臨之際，願朋友的祝福匯成你快樂的源泉……

第五章　勵志酒：不惜千金買寶刀，貂裘換酒也堪豪

人生有功成名就的時候，便有功敗垂成的時候。當功成名就時，擺下的是慶功酒，而功敗垂成時喝下的多半是杯苦悶酒。人生難免遭遇苦難，這時，一杯薄酒，三兩句適當的敬酒辭往往能助人擺脫困境，迎來新生。人們常說，良言一句三冬暖。

一、勵志敬酒辭的結構及其注意事項

鼓勵他人，用語要恰到好處，不能過輕，輕則徒費口舌；也不能過重，重則給人打擊，如雪上加霜，傷口撒鹽。要想鼓勵他人，幫助他人走出困境，重見天日，必須要「認真診斷，對症下藥」，如此，才能治病救人。

關於致詞酒的機構：

1、稱呼

根據在場人物身分的不同，稱謂不同。如「各位朋友」等。

2、開頭

用一句話或一段文字表示對被鼓勵者遭遇挫折、不幸表示遺憾，表示理解。如，「我為你的經歷深感遺憾」、「為你遭遇愛情的欺騙表示遺憾」等。

3、正文

正文著力抓住對方的內心矛盾進行規勸，從而去獲得對方的認同、信任、依賴。只有被對方接納，你的敬酒辭才能產生效果。

4、結尾

結尾送上祝福。要認真、誠懇地表達致詞者的良好祝福，祝福被祝賀者「明天一定會更加美好」、「美夢成真」。

祝辭人在致詞時要注意以下事項：

(1)　敬酒人在言談舉止之間要表現出足夠的自信和誠懇。貼近被祝賀者的內心，要做到「動之以情，曉之以理」。只有在情感的換位體驗下，才能讓鼓勵的效果加倍。

(2)　被鼓勵者之所以情緒低沉、態度消極，是因為他們對自己不夠自信，在困難、挫折、打擊面前，不敢繼續往前。這時候，你需要幫他們掃清心靈上的障礙。幫助他們正確面對困難，理性處理挫折，讓他們勇於直面人生。

(3)　祝辭人要找到合適的詞化解失望者裹足不前的「理由」，然後才可以鼓起他們奮進的勇氣。

二、敬酒辭賞析

鼓勵員工敬酒辭

【主題】鼓勵敬酒

【場合】聚會宴會

【人物】公司總裁、職員

【致詞人】總裁

【祝辭風格】熱情四射，熱情奔放

親愛的各位來賓，女士們，先生們：

在新春佳節即將到來之際，我們十分榮幸地邀請到了各位嘉賓來參加公司的迎新宴會。首先，我代表公司的全體同仁對各位來賓的光臨表示熱烈的歡迎和由衷的感謝！

在過去的幾年裡，我們走過的路上花團錦簇，五光十色，但沒有人知道這火一樣的花是怎樣長出來的。我們自己明白，這花是用我們的汗水，用我們的心血澆灌出來的，它紅得似火，它豔得如霞！

在未來的路上，沒有人知曉明天的陰晴冷暖。我們堅信，只要是我們足跡踏過的地方，都會春暖花開，都能有麗日高陽。

這是一種信念，它時刻提醒我們要為著理想向前，為著希望向上。這是一種執著，它時刻告訴我們要銘記著從前，期望著明天。

我們相信，只要我們團結一致，共同努力，無論外面的風雪有多大，公司將永遠是我們遮風擋雪的家。在此，我希望全體同仁在新的一年裡再接再厲，再創佳績，再譜新篇。我們堅信，公司的史冊將記載我們的宣言，公司的豐碑將銘刻我們的烙印。

朋友們，今天這裡將是一個不眠之夜，這裡將是一片歡樂的海洋。華燈初上，燈火闌珊，笙歌高揚，人心激蕩！在這個璀璨的時刻，讓我們舉起酒杯，為今天的相聚，為明天的希望，為大家的幸福安康，乾杯！

鼓勵朋友敬酒辭

【主題】鼓勵敬酒

【場合】聚會宴會

【人物】眾好友、同學

【致詞人】好友代表

【祝辭風格】活力四射，熱情奔放

兄弟們、朋友們：

在和大家喝酒之前，請允許我單獨和我們公認的風流才子，我們幾個裡最有才華的兄弟說一件事。沒喝之前，我要囉嗦幾句我們每個人都知道的話。

我們知道，一個人的成就，不完全決定他當多大官，而在於才盡所用，人們認可。我們的才子雖然在這晉升中未能如願以償，但是他在考試和考核中的排名都非常高，這說明他的能力是大家有目共睹的，也是被人們所公認的。

人生在世，天地公心。這一次機會沒能落在你的頭上，不一定就是一件壞事，或許還會為你成就大器打下基礎。逆境有時候更能幫助你成就大業，何況你今朝遭遇的也不過是一條小溝，一道小坎。

孟子不是說了嗎？天將降大任於斯人也，必先苦其心智，勞其筋骨，餓其體膚……。

我希望你能視昨日的挫折如過眼雲煙，不必太放在心上，更不必計較。最重要的是你的心態不能因此喪失，你只要一如既往，咬定青山不放鬆，那麼，你一定會為我們這些同學，也為你自己的才華，創造新的殊榮。現在請大家舉杯：

為我們的同學透過這次磨練，曲徑通幽再創輝煌；

也希望各位同學、各位朋友的祝福能給你以支持和力量；

為你的志向如願以償，乾杯！

鼓勵失業人員再就業敬酒辭

【主題】鼓勵敬酒

【場合】開業宴會

【人物】來賓、公司員工

【致詞人】好友

【祝辭風格】活力四射，熱情奔放

各位來賓：

法國作家巴爾札克（Honoré de Balzac）曾經說過，苦難對於天才是塊墊腳石，對能幹的人是一筆財富，對弱者是一個萬丈深淵。從這個意義上來說，磨難和困難是人生的一種特殊財富。我祝福你們能重新站起來，祝福你們公司如期開業。更要祝福你們在思考上、意志上得到的收獲。正是由於你們面對失業，資金沒著落，技術沒保證，場地有困難的情況，毫不抱怨，毫不氣餒，窮則思變，千方百計奮力打拚，才在困難中創造了奇蹟。

自古雄才多磨難，頑固子弟少作為。要想做事業，必須先做好吃苦的準備。要想適應瞬息萬變的社會，就要善於學習，善於觀察，善於發現存在的各種機遇，並及時抓住機遇。

坐等只能待斃，等，永遠也沒有翻身的機會，天上絕對不會掉下美味的餡餅。人，只有自己拯救自己。我希望你們都能順利工作，我更希冀你們用堅強的意志，扼住命運的咽喉，取得更大的成就！

為此，我請大家共同舉杯：

為○○公司克服困難成大業，頑強奮鬥創輝煌；

為感謝各有關部門給他們提供的幫助；

為各位來賓、各位朋友的健康，乾杯！

三、勵志賀語參考

惟有經受過刺骨冰霜的洗禮，才可修得一身如梅花般沁人心脾的自在清香；惟有經歷艱難挫折的磨礪，才能鑄就一顆勇敢無畏的心；惟有抱持堅定

不移的信念，才能托起那常存心中的夢想。

也許你航行了一生也沒有到達彼岸，也許你攀登了一世也沒能登上頂峰。但是能觸礁的未必不是勇士，敢失敗的未必不是英雄，奮鬥了就問心無愧，奮鬥了就是成功的人生。

只有啟程，才會到達理想的目的地；只有打拚，才會獲得輝煌的成功；只有播種，才能有收穫；只有奮鬥，才能品味幸福的人生。

我們在前行的時候，一定要帶上三件法寶，而不是赤手空拳。這三件法寶是健壯的身體、豐富的知識和足夠的勇氣。

所有的輸和贏都是人生經歷的偶然和必然。只要勇敢地選擇遠方，你也就注定選擇了勝利和失敗的可能。人生的關鍵在於：只要你做了，輸和贏都很精彩。

這個世界，真正瀟灑的人不多，故作瀟灑的人多。有人認為，那種一擲千金的闊綽就很瀟灑，這是對瀟灑的誤解和嘲弄，這種闊綽，除了證明這些錢八成不是他自己賺來之外，並不能說明什麼。

最難抑制的感情是驕傲，儘管你設法掩飾，竭力與之鬥爭，它仍然存在。即使你敢相信已將它完全克服，你很可能又因自己的謙遜而感到驕傲。

事業恰似雪球，必須勇敢往前推，愈推愈滾愈大，但是，若在途中停下，便會立刻融化消失，所以前行吧，朋友！

在這個世界上取得成功的，是那些努力尋找他們想要的機會的人。如果找不到機會，他們就會自己創造機會。

世界上最長而又最短，最快而又最慢，最平凡而又最珍貴，最易被忽視而又最令人後悔的就是時間。

你熱愛生命嗎？那麼別浪費時間，因為時間是組成生命的原料。生命是一程旅途……人們所有的享受與幸福只不過是生命路旁的旅店，供人們稍作

休息，好讓人們增添精力到達終點。

　　今天盡你的最大努力去做好，明天你也許就能做得更好。

第二編　敬酒辭在日常生活中的應用

第六章　慶功酒：一生大笑能幾回，斗酒相逢須醉倒

　　人逢喜事精神爽。遇到值得慶祝的事，擺酒慶功是再自然不過的事。慶功的目的不是炫耀，而是借此機會感謝幫助自己的人，這應該是慶功宴的真正目的。

一、慶功敬酒辭的結構及其注意事項

　　既然是慶功敬酒辭，那自然是機關、團體和企業領導者在慶功大會、褒揚大會上發表演講時使用的。

　　慶祝褒揚大會的基本氛圍是「熱烈、歡快、隆重」，因此這類敬酒辭的文字要求樸素、簡潔，言辭要熱烈，內容要充分傳達被慶功的事項和被褒揚者的可貴之處，樹立典型，立標杆。

　　慶功敬酒辭一般由以下幾個部分組成：

1、稱呼

　　慶功敬酒辭的稱呼宜用親切的尊稱，比如「親愛的朋友」、「親愛的各位來賓」等。

2、開頭

　　用一句話或一段文字表明慶功宴會的主題。

3、正文

慶功敬酒辭的正文一般由事蹟、評價、褒揚和號召學習四個部分組成。

最常見的形式是先介紹被褒揚對象的基本情況，再客觀敘述其主要優良事蹟，在這個基礎上，對其事蹟的優良性及典範性進行評價。

在宣布褒揚前，要概況闡述進行褒揚的目的。如「為了褒揚他對社會做出的巨大貢獻……幫助貧困人口，發揮愛心」，就表明了這次褒揚的目的，也要宣布褒揚的形式。

最後，還要號召大家向他學習。在這一部分，可以對褒獎對象提出希望，比如希望他們戒驕戒躁，繼往開來，再立新功等。號召學習要寫明確號召的對象和學習的內容。最後是對號召對象提出要求，要求號召對象透過學習樹立模範，完成工作任務。

4、結尾

送上自己對被表揚者的祝福。在寫慶功敬酒辭時要注意以下兩點：

（1）　語言一定要莊重、精煉。用語要通順，絕不能出現病句。語言表述要準確，用詞要精煉。語言上要能展現褒獎的嚴肅、莊重，可振奮精神，能鼓舞士氣的特點。

（2）　敬酒辭內容一定要詳實。在正文部分，如果要敘述褒揚對象的主要事蹟並進行評價，對事蹟的敘述要實事求是，客觀真實；對優良表現的評價更要恰當，不能故意誇大事實。號召別人學習模仿的內容，要以具體事蹟為基礎，絕不能憑空想像或空泛難實行，更不能虛構事實或移花接木。

二、敬酒辭賞析

學測慶功宴敬酒辭

【主題】慶功敬酒

【場合】慶功宴會

【人物】校長、教師

【致詞人】校長

【祝辭風格】活力四射，熱情奔放

老師們：

今天，我們隆重舉行 XXX 級學測慶功宴。在此，我謹代表學校以及高三畢業班向全體同仁在今年的學測中所締造的佳績表示熱烈的祝賀和誠摯的感謝！

雖然這一屆已落下帷幕，雖然今年學測的銷煙在漸漸散去，但這一屆學生三年的奮鬥歷程卻在我們的腦海裡留下了深深的烙印，揮之不去。XXX 級新生入學第一天，就有了清晰的目標，大家針對目標，打好基礎，拓展視野。進入高三，面對前一屆同樣優異的成績，壓力提升，挑戰自我，一路前行。帶著學弟妹和師長的祝福進入學測的考場……皇天不負苦心人，我們的 XXX 級不愧是令我們驕傲的團隊，你們你們把今年勝利的旗幟插在巔峰——再創我校學測成績歷史的輝煌，你們向老師、家人交出了亮眼的成績單，這進一步展示了我們的實力與魄力，你們用集體的智慧和辛勤的汗水又一次譜寫了畢業旋律上最美的樂章！

讓我們舉起酒杯，為自己喝彩，為 XXX 級喝彩，為我們的○○高中喝彩。讓我們共同祝願○○高中明天更美好，乾杯！

企業上市慶功宴敬酒辭

【主題】慶功敬酒

【場合】慶功宴會

【人物】總裁、嘉賓、新聞媒體

【致詞人】上市企業總裁

【祝辭風格】沉穩，熱情，奔放

親愛的各位來賓、新聞界的朋友們、女士們、先生們：

晚安！

首先，非常感謝各位朋友光臨本公司上市慶功晚宴，與我們共同見證○○公司的成長。

○○成功發展的今天，全仰賴各位長期的支持和幫助，我謹代表○○公司向到場的各位嘉賓、媒體朋友們表示熱烈的歡迎和衷心的感謝！

歷經十幾年的不斷發展壯大，今天的○○已經成為○○產業的中堅力量，我為此感到自豪：這是不斷創新、勇於超越的○○員工共同努力奮鬥的結果。今天，○○的上市，將是公司的又一次進步！……

展望未來，任重道遠，○○公司將忠實實踐「以人為本，情繫客戶」的經營理念，努力成為○○產業的龍頭企業，以持續發展的優良業績來回報廣大的投資人。

再次感謝今天參加酒會的各位貴賓各位朋友。現在，請允許我以這杯薄酒，向關心、支持、幫助○○成長的朋友們表示最真摯的謝意！

三、慶功賀語參考

成功不是將來才有的，而是從實踐的那一刻起，持續累積而成的。你用自己的經歷向我們證明了成功需要累積。

築起夢想的鳥巢，開始人生的長跑，領先每次的衝刺，打破原先的機率。生活沒有預賽，要想登上它的領獎臺，就得加倍付出汗水，贏得場場精彩！祝你成功！

我們的人生要充滿熱情。缺少熱情的人生，即使你才能知識多麼傑出，也無異於紙上談兵。有了熱情，你的人生就成功了一半。工作充滿希望，失敗可以變為成功；生活充滿希望，痛苦可以變為歡樂；生命充滿希望，絕境可以變為天堂。願你在希望的田野上一路高歌，放飛夢想。

生活是一首歌，我們用心吟唱；友誼是一篇詩，我們用情抒寫；家庭是一幅畫，我們用愛描繪。願我們的生活天天充滿陽光，親人幸福安康，事業蒸蒸日上！

「成功的花，浸透了奮鬥的淚泉，撒遍了犧牲的血雨。」願你不懈奮鬥、不懼犧牲，終綻放成功之花！

事業成功了，不要停止，因為多麼偉大的成功只能代表過去。在艱苦跋涉的奮鬥中，不要停，停下來就會前功盡棄。堅持下來，也許黎明就在不遠處等著你！

總結和吸取過去每一次失敗的教訓，珍惜和把握現在每一次展現的機會，再加上個人百分之一的天賦和百分之九十九堅持不懈的勤奮努力，才有未來的成功！

成功是為那些不驕不餒、勇往直前、勇於追求、積極向上、努力進取，做事情持之以恆、不半途而廢、有始有終的人準備的。

珍惜成功，那是一種歡愉；珍惜失敗，那是一種告誡；珍惜快樂，那是一種回味；珍惜痛苦，那是一種經歷！珍惜一切吧！

第二編　敬酒辭在日常生活中的應用

第七章　聚會酒：相逢意氣為君飲，白鹿清酥夜半煮

「久別重逢非少年，執杯相勸莫相攔。額頭已把光陰記，萬語千言不忍談。」人生聚散無常。親人、朋友和另一半在久別重逢時，共同舉起一杯香醇美酒，傾訴離別後的相思之情，會讓彼此更加珍惜對方。

一、聚會敬酒辭的結構

聚會敬酒辭自然是在朋友、親人、同事相逢時發表的言論。聚會敬酒辭貴在情真意切，將相逢的喜悅與對朋友、親人、同事的祝福共同寓於酒中。

聚會辭主要由稱呼、開頭、正文、結尾四個部分組成。

1、稱呼

面對不同的人，有不同的稱呼。如「親愛的朋友」、「兄弟姐妹們」等。

2、開頭

對大家的出席表示歡迎。

3、正文

追尋往日足跡，共憶昔日情緣。珍惜今朝相聚。

4、結尾

表達祝願。在致聚會辭時要表達重逢的喜悅之情。

二、敬酒辭賞析

同學聚會敬酒辭

【主題】聚會敬酒

【場合】聚會宴會

【人物】同學

【致詞人】某同學

【祝辭風格】活力四射，熱情奔放

各位同學：

時光飛弛，歲月如梭。畢業十年，在此相聚，圓了我們每一個人的夢。感謝發起這次聚會的同學！

回溯過去，同窗四載，情同手足。一幕一幕，就像昨天一樣清晰。

轉眼間，我們走過了十個春、夏、秋、冬。今天我們的聚會實現了分手時的約定，又重聚在一起，共同回味當年的書生意氣，並咀嚼十年來的酸甜苦辣，真是讓我感受至深：

首先是非常感動，這次同學會想不到有這樣多的同學參加，同學們平時工作都很忙，事情也很多，但都放下了，能夠來的盡量都來了，這就說明大家彼此還沒有忘記，心中依然懷著對老同學的一片深情，仍然還在相互思念和牽掛。

第二是非常高興，我們歡聚一起激動人心的場面，讓我回想起了那個夏天我們依依不捨揮淚告別的情景，而這一別就是十年啊。我們分別得太久太

久，我們的一生還有多少個十年！今天的重聚怎麼能不叫我們高興萬分、感慨萬分呢！

第三是深感欣慰，記得在校時我們都是孩子氣、孩子樣，如今社會這所大學已將我們歷練得更加堅強、成熟，各位同學在各自的工作職位上辛勤耕耘，成為各個領域的中堅力量，這些都使我們每個人深感欣慰。

同學們，無論走遍天涯海角，難忘的還是故鄉。無論是從教為官經商，難忘的還是老同學。我們分別了十年，才盼來了今天第一次的聚會，這對我們來講是多麼具有歷史意義的一次相聚啊，我們應該珍惜這次機會，就讓我們利用這次機會在一起好好聊一聊、快樂快樂吧，讓我們敘舊話新，談談現在、過去和未來，談談工作、事業和家庭，如果我們每個人都能從自己、別人十年的經歷中得到一些感悟和得到一些收獲，那麼我們的這次同學會就是一個圓滿成功的聚會！願我們同學會的成功舉辦能加深我們之間的同學情意，使我們互相扶持、互相鼓勵，把自己今後的人生之路走得更加輝煌、更加美好！

窗外滿天飛雪，屋裡卻暖流融融。願我們的同學之情永遠像今天大廳裡的氣氛一樣，熾熱、真誠；願我們的同學之情永遠像今天窗外的白雪一樣，潔白、晶瑩。

現在，讓我們舉杯：

為了中學時代的情誼，為了十年的思念，為了今天的相聚，乾杯！

師生聚會敬酒辭

【主題】聚會敬酒

【場合】聚會宴會

【人物】師生

【致詞人】某同學

【祝辭風格】活力四射，熱情奔放

敬愛的老師們、親愛的同學們：

大家好！

十五年前，我們懷抱著夢想和憧憬，滿腔熱血和火熱的熱情，從各地相聚在學校，從此，四年裡，我們生活在一個溫暖的大家庭裡，度過了人生中最純潔、最浪漫的時光。

為了我們的健康成長，我們的班導師和各科老師為我們操碎了心。今天我們特別把他們從百忙之中請過來，參加這次聚會，對他們的到來我們表示熱烈的歡迎和感謝。

時光荏苒，日月如梭，從畢業那天起，轉眼間十五個春秋過去了。當年二十歲的少年，而今步入了為人父、為人母的中年。

同學們在各自的工作中辛勤耕耘，有些已成長為社會某些領域的中堅力量。有人扔在繼續努力。但無論人生浮沉與貧富貴賤，同學間的友情始終是淳樸真摯的，而且就像我們桌上的美酒一樣，越久就越香越濃。

來吧，同學們！讓我們和老師一起，重拾當年的美好回憶、重溫那段快樂時光，暢敘無盡的師生之情、同窗之誼吧。

為十五年後的「有緣千里來相會」、為永生難忘的「師生深情」、為人生「角色的增加」、為同學間「淳樸真摯」的友誼、為同學會的順利召開，乾杯！

戰友聚會敬酒辭

【主題】聚會敬酒

【場合】聚會宴會

【人物】軍隊戰友

【致詞人】某戰友

【祝辭風格】深情厚意，莊重肅穆

老戰友們：

晚安！

在這個歡聚時刻，我的心情非常激動。面對一張張熟悉而親切的面孔，我心潮澎湃，感慨萬千。想當初，我們拋棄了五光十色的社會生活，離開家人，帶著生鐵般的粗糙，帶著晨風般的頑皮，帶著雄鷹般的嚮往，帶著青春的年齡，走進了綠色軍營。

回望軍旅，朝夕相處的美好時光難忘。苦樂與共的崢嶸歲月，凝結了你我情深意厚的戰友之情。熠熠閃光的軍功章，記錄著我們逝去的青春，這一切是我們永生難忘的回憶。

楊柳依依，我們折枝送友；舉杯壯懷，我們相擁告別。在歲歲年年軍歌的歌聲中，在告別軍旗的場景中，我們邁著成熟的步伐，帶著夢幻、期待、祝福，走上了不同的道路。在市場經濟的浪潮中，我們用軍人勇於面對挑戰，勇於攻堅克難，勇於打拚的特有氣質，闖出了一條又一條光輝的道路。如今都已事業有成。

二十年悠悠歲月，彈指一揮間。真摯的友情，緊緊相連。許多年以後，我們戰友相遇，依然能表現難得的天真爽快，依然可以率直地應答對方，那種情景讓人激動，恍然如夢，好像是生命中的一部分跨越了漫長的時空間隔，停留在一個遙遠而蔥鬱的地方，沒有老去。

儘管，現在由於我們各自忙於工作，勞於家事，連絡少了，但綠色軍營灑下的美好結成的友情，並沒有隨風而去，它已沉澱為酒，每每啟封，總是回味無窮。今天，我們從各地相聚在此，暢敘往情，我想，經由這次老戰友聚會，我們將更有信心迎接燦爛明天，輝煌未來。

最後，讓我們舉杯，為我們的相聚快樂，為我們的家庭幸福，為我們的友誼長存，乾杯！

朋友聚會敬酒辭

【主題】聚會敬酒

【場合】聚會宴會

【人物】新老朋友

【致詞人】聚會召集人

【祝辭風格】言簡意賅，輕鬆詼諧

女士們、先生們、朋友們：

大家晚安！

在今天這個美好的日子裡，迎來了我們的首次團聚，在此請允許我以召集人的身分對於各位的到來表示真誠的感謝！

今天是我們分別多年後的第一次聚會。這是一個良好的開端，我相信以後還有更多這樣的相聚。

一次短暫的相聚，能了卻我們一時的牽掛，但滿足不了我們一生的思念，這就是深深的、一生一世的朋友情誼。讓我們的聚會成為一道風景，讓我們的聚會成為一種永恆。記住這個金秋十月，相信它將永遠定格在我們每個人的記憶裡！我們的友情會像鑽石一樣永恆。

從今天起，只要我們經常連絡，心與心就不會再分離，每個人的一生都不會再孤寂。就讓我們如同呵護生命、珍愛健康一般，來珍惜我們的朋友之情！

朋友們，今天有很多好友因特殊情況或某些原因，未能參加我們今天的聚會，希望我們的祝福能跨越時空的阻隔來到他們身邊。最後祝願大家家庭幸福、事業發達、身體安康！

親愛的朋友們，為我們地久天長的友誼、為我們明天的再次相聚乾杯！

企業聚會敬酒辭

【主題】聚會敬酒

【場合】聚會宴會

【人物】來賓、部門經理、同事

【致詞人】部門經理

【祝辭風格】端莊，厚重

親愛的各位同仁、各位來賓：

大家好！在令人激動，充滿希望的新年到來之際，我們滿懷盎然春意，歡聚莊園，共饗午餐。首先，我代表○○公司對出席今天宴會的各位來賓表示熱烈的歡迎！向所有近年來關心和支持我們公司的朋友致以春天的溫暖問候，感謝大家一直以來對○○的支持和厚愛！

多年以來，在座諸位與○○公司一路走過，對我們而言，這是一種緣分，也是一種幸運。這是一段輝煌的記憶，也是一段不平凡的歲月。這些年來我們取得的一切成績，都離不開在座各位的激勵與幫助，借此機會，我代表○○公司全體員工對大家給予我們的支持和厚愛獻上最真誠的謝意！我們也將在日後的工作中兢兢業業、辛勤耕耘，做出更好的成績。同時，我們也自信於公司的實力，以全新的奮鬥精神，面對種種考驗，知難而上，頑強打拚，用高昂的鬥志和極大的工作熱情，圓滿完成每一項工作任務。

做產業中最好的企業，一直是○○人引以為傲的地方，我們也正在締造一個屬於自己的王朝。雖然，我們現在離夢想還有一段距離，但我們堅信，只要堅持去實踐，夢想成真就不遙遠。

誠然，登山的路途並不平坦，我們需要在座各位朋友的扶持，需要大家的幫助，這樣才能最終攀上最高的山峰，實現一覽眾山小的宏願。我們希望您能與我們一起見證這個充滿生機和活力的時代的到來！

面對未來，機遇與挑戰同在，光榮與夢想共存！○○公司將經過管理的變革，透過實施多元化、國際化的發展策略，一定能夠迎來更加輝煌、美好的明天！

最後，用一首詩來表達我此刻的感受：「春江潮水連海平，海上明月共潮生。灩灩隨波千萬里，何處春江無月明。」願諸位朋友身體康健，諸事順意，讓我們為各位美好的明天乾杯！

同鄉會聚會敬酒辭

【主題】聚會敬酒

【場合】聚會宴會

【人物】眾同鄉會員

【致詞人】召集人

【祝辭風格】輕鬆，詼諧

各位朋友：

午安！

今天是一個令人愉快與難忘的日子，在這裡請允許我以個人名義，向拋開工作和家庭負擔，積極參與本次聚會的各位同鄉會成員表示歡迎，並致以衷心的感謝，尤其要向為本次聚會奔波勞碌的朋友們表示崇高的敬意，向因種種原因未能到會的朋友表示誠摯的問候和良好的祝願！

應大家要求，我們成立了專責團隊負責本次聚會的所有事宜。經過十幾天的忙碌、奔波，我們終於不負眾望，舉辦了這次同鄉聯誼聚會。美中不足的是有幾位朋友因為各種原因缺席今天的聚會，但是，他們已透過各種方式、方法發來了祝福。本次聚會，目的是讓我們相互認識，加強同鄉會成員間的了解，加深大家的感情交流，增進友誼、團結，共勉互助，更進一步展現親情、友情、地方意識的凝聚力。

我們雖身處異鄉，但我們無論走到哪裡，難忘的皆是故鄉的一山一水，一草一木；無論是過去還是將來，難忘的是這份濃厚的鄉情。鄉情如醇酒，味濃而易醉；鄉情如花香，芬芳而淡雅；鄉情是秋天的雨，細膩而又滿懷詩意；鄉情是書，它有書的深刻厚重；鄉情是歌，它有歌的動聽美妙；鄉情是詩，它有詩的韻味深長；鄉情是畫，它有畫的秀麗風景；鄉情是那意味深長的散文，寫過昨天又期待未來。

我真誠的希望藉由我們今天的聚會，成就親如兄弟姐妹般的情誼。讓我們在這聚會的日子，坦誠相待，真心面對，不問地位高低，不論收入多寡，訴說心聲；讓我們盡情地談笑風生，暢敘友情；讓我們舉杯狂歡，牽住鄉親溫暖的手；讓我們的聚會成為一種美麗的永恆！

最後，祝各位朋友身體健康，事業有成，家庭幸福美滿！為聚會的成功舉辦，讓我們共飲一杯。謝謝大家！

三、聚會賀語參考

酒越久越醇，朋友相交越久越真；水越流越清，世間滄桑越流越淡。天天快樂，時時好心情！

思念是一縷抹不去的青煙，飄飄渺渺，籠罩你我，而祝福是甜甜

醉意，彌漫心田，無邊無際。願愉快伴你一生。

星星的寂寞月知道，晚霞的羞澀雲知道，花兒的芬芳蝶知道，青草的溫柔風知道，夢裡的纏綿心知道，心裡的酸楚淚知道，我的思念您知道！

又是一年落葉黃，一層秋雨一層涼。整日工作總辛苦，天涼別忘加衣裳。保重身體多餐飯，珍惜友情常想想。

朋友是天、朋友是地，有了朋友可以頂天立地；朋友是風、朋友是雨，有了朋友可以呼風喚雨。

　　山因有了綠色，才有了生機；天空因有了白雲，才不會寂寞；人生因有了牽掛，才溫馨燦爛。我想對你說：我的朋友，生命中因為有了你，我才開心。

　　友情就如一壇老酒，封存愈久愈香醇，一句短短祝福就能開啟壇蓋，品嘗濃醇酒香；友情就如太陽，默默付出而無求，一聲輕輕問候就是一束溫暖陽光。

　　不能與你常見面，但對這友情始終不變。沒有經常聯絡你，而是將你藏在心裡。

第八章　開業酒：謝四方賓客來賀，備千杯薄酒相迎

　　開業典禮主要為商業性活動，小到店面開張，大到飯店、超市、商場等的商務活動，開業典禮不只是一個簡單的典禮活動，而是一個經濟實體的外貌，是形象建立的第一步，第一步尤為重要。要邁好這第一步，典禮方案及與之相關的道具運用，尤其是開業敬酒辭十分重要。

一、開業敬酒辭的結構及其注意事項

　　開業典禮它代表一個經濟實體的成立，昭告社會各界人士 ── 它已經站在了經濟角逐的起跑線上。開業典禮的規模與氣氛，代表了一個工商企業的風範與實力。公司藉由開業典禮的宣傳，告訴世人，在龐大的社會經濟體系裡，又增加了一個鮮活的商業細胞。

　　從客觀上來看，一個企業的開業典禮，就是這個企業的經濟實力與社會地位的充分展示。從來賓出席情況到典禮氛圍的營造，以及慶典活動的整體效果，都會給人側面詮釋。通常來說，人們習慣用對比的方法來看待開業典禮，比如某商場舉行開業慶典，人們首先想到的是，與其同等規模的其他商場開業時的情形，對比之下，人們會對新開業的商場抱持特定看法，也就是認知問題，如果印象好，對商場的信賴程度就會提高，無形之中成為潛在的顧客。

145

開業敬酒辭的結構由以下四部分組成：

1、稱呼

稱呼要考慮對象。宜用親切的尊稱，如「親愛的朋友」、「親愛的各位來賓」等。

2、開頭

開頭要向來賓的光臨和支持表示真摯的感謝。

3、正文

簡要概述該機構的一些特點、優勢，其所能提供的服務功能。

4、結尾

對來賓表示自己的祝福。

在致開業敬酒辭時一定要顧及到所有邀請的來賓，絕不能疏忽大意，顧此失彼。只有照顧到了各方來賓，才能維繫好各方關係，才能為今後的發展打通人脈與基礎。

二、敬酒辭賞析

飯店開業典禮敬酒辭

【主題】開業敬酒

【場合】典禮宴會

【人物】總裁、來賓、飯店員工

【致詞人】飯店經理

【祝辭風格】深情厚意，莊重肅穆

親愛的各位來賓、朋友們：

金秋時節，清風送爽，丹桂飄香。今天，○○飯店開業典禮儀式隆重舉行。我謹代表○○飯店向各位嘉賓、委員、議員、媒體朋友們表示熱烈的歡迎和衷心感謝！也向為飯店建造付出心血和汗水的全體工程建設人員表示親切的問候！

千秋偉業千秋景，萬里江山萬里美。按照四星級標準建造的○○飯店於前年破土動工以來，全體工程建設人員克服地質環境問題、施工難度大、資金緊缺等方面的困難，經過兩年的奮力打拚，終於迎來飯店順利開業。建成後的○○飯店，設計新穎、風格別致、功能齊全，無論是主體建築，還是裝飾裝修，都構思宏偉、氣勢恢宏。

「有朋自遠方來，不亦樂乎」，飯店開業之後，我們期待各界朋友予以更多的支持、重視與關愛。同時也希望管理團隊和全體員工要強化管理紀律，熱忱服務，敬業樂群，盡心盡力把○○飯店做成有品味、有質感、有影響、有效益的一流飯店。

最後，讓我們更飲一杯酒，祝各位嘉賓身體健康，生活幸福，事業興旺！祝○○大飯店開業大吉，生意興隆，鵬程萬里！

公司開業典禮敬酒辭

【主題】開業敬酒

【場合】慶典宴會

【人物】來賓、公司員工

【致詞人】公司總裁

【祝辭風格】深情厚意，莊重肅穆

親愛的各位主管、各位來賓、女士們、先生們：

早安！今天，是○○公司開業的日子，我謹代表○○公司全體員工向在

147

百忙之中抽出時間出席開業典禮的各位來賓表示熱烈的歡迎和衷心的感謝！〇〇經營管理人才中心旗下的〇〇公司正式掛牌成立，這有著特殊的、深刻的意義。文化產業在國際已經有良好的發展趨勢和環境。縱觀當今世界，文化產業已經成為先進國家國民經濟收入的主要來源。〇〇公司的奮鬥方向就是要培養、塑造企業文化，挖掘並傳承推廣地方文化，成為多元文化的傳播者，最終屹立於文化之林。

各位來賓，〇〇公司的夢想需要全公司人員的精誠團結、努力開拓來實現，更需要新老朋友攜手相助，共同扶持！

再次感謝各位嘉賓的光臨，你們的關心是對我們最大的鼓勵和支持！

最後，祝願大家身體健康，萬事如意，乾杯！謝謝！

時尚廣場開業典禮敬酒辭

【主題】開業敬酒

【場合】慶典宴會

【人物】來賓、員工

【致詞人】董事長

【祝辭風格】深情厚意，莊重肅穆

尊敬來賓、朋友，女士們，先生們：

大家好！值此〇〇時尚廣場隆重開業之際，我謹代表〇〇集團，向今天到場的貴賓，所有的朋友表示衷心的感謝和熱烈的歡迎！

〇〇集團自成立以來，一直受到各界朋友的關愛和支持。正是有了社會各界的鼎力相助和全心扶持，〇〇才從無到有，不斷發展壯大，並取得了不錯的業績。在這裡，我代表集團全體同仁向所有關心和支持我們的朋友表示最誠摯的謝意！

我們〇〇集團，是蓬勃發展的集團，是富有生命力的集團。一直以來，

我們以「自我累積、自我發展、開拓進取」為集團發展的主要模式，孜孜不倦，奮力打拚。○○時尚廣場，是我們○○集團投資興建的重要項目，也是我們○○同仁們智慧和汗水的結晶。它是集時裝、飾品、鞋包精品、時尚餐飲於一體的綜合性休閒商場。它的落成和開業，是我們○○集團發展壯大的重要里程碑。

作為○○集團的董事長，我很高興的看到○○時尚廣場隆重開業！在此，我要特別感謝○○時尚廣場的全體員工，是你們的堅定信念和艱辛努力才有了○○時尚廣場。謝謝你們！

我真誠的希望，在新的時代，社會各界的朋友們，能一如既往的關心和支持我們，扶持和幫助○○時尚廣場不斷發展和成長。同時也誠摯的渴望各位業界同仁能夠和○○時尚廣場互相交流、提攜發展，聯手共創輝煌未來！

最後，我預祝○○時尚廣場開業典禮圓滿成功，乾杯！謝謝大家。

三、開業賀語參考

敬賀開張，並祝吉祥。

鴻基始創，駿業日新。

宏圖大展，裕業有孚。

公平有德，和氣致祥。

隆聲援布，興業長新。

永隆大業，昌裕後人。

吉祥開業，大富啟源。

昌期開景運，泰象啟陽春。

春意春前草，財源雨後泉。

生意如春筍，財源如春潮。

恆心有恆業，隆德享隆名。

門迎曉日財源廣，戶納春風喜慶多。

友以義交情可久，財從道取利方長。

根深葉茂無疆業，源遠流長有道財。

一馬百符，商人愛福；七廳六耦，君手維新。

經之，營之，財恆足矣；悠也，久也，利莫大焉。

生意如同春意滿，財源更比流水長。

一點公心平似水，十分生意穩如山。

財源滾滾達三江，生意興隆通四海。

相宅而居，駿業開張安樂土；多財善賈，鴻名共仰大商家。

一束鮮花，一份真情，一份信念，祝開業吉祥，大富啟源！

東風利市春來有象，生意興隆日進無疆。

秉管鮑精神，因商作戰；富陶朱學術，到處皆春。

宏圖事業財源廣進，溫馨祝願繁榮昌隆。真誠的祝福帶動著跳躍的音符，為您帶去春的生機。在這美好的日子裡，祝您生意興隆！萬事如意！

幽香拂面，紫氣兆祥，慶開業典禮，祝生意如春濃，財源似水來！

第九章　喬遷酒：人生之旅總遷徙，舉杯共慶迎新生

　　「水往低處流，人往高處走」，喬遷是生活富裕的象徵和標誌，意味著美好願望的實現。為慶祝願望的實現，為慶祝喬遷之喜，主人總會在新居落成入住之時宴請親朋好友，此時所飲的就是所謂的喬遷酒。

一、喬遷敬酒辭的結構及其注意事項

　　喬遷之喜，主人大多邀請親朋好友等前來參加，以共同慶祝。通常來說，酒宴主要包含兩方面內容：

1、主人敬酒

　　千言萬語盡在酒中，主人可以借此次敬酒機會向各位賓朋表達自己的謝意，感謝大家一直以來對自己的關心與幫助，並希望眾人能同自己一起分享此時此刻的幸福與快樂。

2、賓客敬酒

　　賓客首先對主人的盛情款待表示感謝；其次是對主人的喬遷之喜表示祝賀。祝賀時要多用稱讚的話語，比如頌揚喬遷之家地勢佳妙、房屋寬敞、裝飾有品味、家人和睦，以及生活美滿等。需要注意的是，在說祝福語時要結

合人物、季節、職業等特點加以描述，豐富祝語內容，但要牢記的是不能說大話、空話和套話，更不能照書抄襲，非要吊書袋，不符合場合。那樣不但不能表示你的祝福之意，還可能讓你們之間的關係出現裂痕，得不償失，所以一定要用心思考，合理用詞。

二、敬酒辭賞析

喬遷家宴敬酒辭

【主題】喬遷敬酒

【場合】喬遷宴會

【人物】主人、親友、同事

【致詞人】主人

【祝辭風格】言簡意賅，詼諧幽默

女士們、先生們：

晚安！

首先，我謹代表我的家人，對各位的光臨表示由衷的謝意！

俗話說：「人逢喜事精神爽。」我目前就沉浸在這喬遷之喜中。

以前，由於心居寒舍，身處陋室，實在是不敢言酒，更不敢邀朋友們相聚一起以暢飲。因那寒舍太寒酸了，怕朋友們誤解主人待客不誠；那陋室太簡陋了，真怕委屈了諸位嘉賓。

今天我終於舊屋換新房，我已經有了一個能真正稱得上是「家」的住所了。這個家雖然談不上富麗堂皇，但它不失恬靜、明亮、舒適與溫馨。更重要的是，這個家洋溢著愛、充滿著愛！有了這樣一個家，能不高興嗎？

所以，特別備下這席薄酒，就是要把我喬遷的喜氣跟大家分享，更要藉這席薄酒為同事、朋友對我喬遷的祝賀表示最真誠的謝意，還要藉這席薄

酒，祝各位生活美滿、工作順利、前程似錦！乾杯！

慶賀喬遷新居來賓敬酒辭

【主題】喬遷敬酒

【場合】喬遷宴會

【人物】主人、親友、同事

【致詞人】來賓代表

【祝辭風格】言簡意賅，詼諧幽默

各位來賓、女士們、先生們：

大家好！

在這春意昂然的時刻，我們迎來了○○○先生喜遷新居的好日子！

○○夫婦一生兢兢業業，勤儉持家，如今事業有成，家庭美滿、幸福。我在這裡代表各位來賓，向夫婦喬遷新居表示衷心祝賀！

各位來賓，讓我們舉起手中酒杯，共同祝福○○夫婦遷新居，喜氣生，平安幸福，健康快樂；住新房，運氣生，工作順利，生活美滿。伴著得意的春風，發財生福如春潮滾湧，工作順利如春風得意。

讓我們乾杯！

公司喬遷之喜敬酒辭

【主題】喬遷敬酒

【場合】喬遷宴會

【人物】公司總經理、員工

【致詞人】總經理

【祝辭風格】莊重，肅穆

親愛的總裁、董事、各位來賓，各位客戶：

大家午安！

「但願人長久，千里共嬋娟」，又到了一年一度的中秋佳節，這也是一個團圓和慶祝豐收的日子。感謝大家多年來對〇〇酒業的支持，在此，〇〇酒業公司全體同仁向您致以最真摯的問候和祝福！

這些年來，〇〇公司依靠各級管理人員和廣大客戶的支持與自身的努力，取得了令人矚目的成績。公司成長的經驗告訴我們，客戶的成功才是我們的成功。我們將以專業化的隊伍、資訊化管理系統及優質的服務來服務大家，並贏得社會效益和經濟效益。

〇〇公司本著以人才為根本、以產業需求為中心、以服務為保障、以優質產品為支撐，不斷提高企業的核心競爭能力。我們的目標是成為一個誠信一流、服務一流、品牌一流的酒業公司，成為您身邊的美酒專家、服務專家，對此我們會不斷努力！

在這金風送爽，桂花飄香的日子，又逢我公司喬遷，這是我公司一件可喜可賀的大事，它展現了〇〇公司辛勤勞動、奮勇打拚、開拓進取的精神。〇〇公司辦公大樓的喬遷，是一種信心、實力的徽章，它見證著〇〇同仁們的成長與成就，也代表〇〇公司企業形象的全面提升。

海上生明月，天涯共此時。最後祝各位長官，各位來賓，親愛的客戶們及同事們身體健康，工作順利，家庭美滿！

最後，讓我們乾杯！謝謝大家！

三、喬遷賀語參考

1、居家喬遷用賀詞

陽光明媚，東風送情，喜遷新居，德昭鄰壑，才震四方！

良辰安宅，吉日遷居

鶯遷仁里，燕賀德鄰，恭賀遷居之喜，室染秋香之氣。

新居落成之際，恭賀喬遷之喜。

吉星照佳地，紫氣指新梁。

平安福地，紫微指棟；吉慶人家，春風架梁。

新人新居，歡歌笑語。

三陽日照平安宅，五福星臨吉慶門。

宏圖大展興隆宅，泰雲長臨富裕家。

華廳集瑞，旭日臨門。

一門瑞氣，萬里和風。

喬宅喜，天地人共喜；新居榮，福祿壽全榮。

遷宅吉祥日，安居大有年。

吉日遷居，萬事如意。

鶯遷喬木，燕入高樓。

祥雲環繞新門第，紅日光臨喜人家。

笑語聲聲，共慶喬遷喜。

喜到門前，清風明月；福臨宅地，積玉堆金。

2、公司喬遷用賀詞

鴻猷大展。

駿業肇興。

大展經綸。

萬商雲集。

貨財恆足。

陶朱姓美。

多財善賈。

駿業日新。

駿業崇隆。

第十章　迎賓酒：禮尚往來酒為君，寧傷身體勿傷情

為朋友的到來接風洗塵是自古就有的事，因而孔老夫子說「有朋自遠方來，不亦樂乎？」在設宴款待時，自然要發表歡迎辭。迎賓辭要表示歡迎和尊重，表達友好交往，傳遞增強交流與合作的心願，營造和強化友好和諧的社交氣氛。

一、迎賓敬酒辭的結構及其注意事項

所謂迎賓辭是指機關或企業在舉行隆重慶典、大型集會、歡迎儀式或者是接風洗塵宴會上，主人對賓客的來臨表示熱烈歡迎而進行的演講。

迎賓致詞如前言，是為了表示歡迎、尊重，表達友好促進交流，營造和強化友好和諧的社交氣氛，因此，迎賓辭言語要熱情。

迎賓辭由稱呼、開頭、正文、結語四部分組成。

1、稱呼

迎賓辭稱呼宜用親切的尊稱，如「親愛的各位來賓」、「親愛的朋友」等。

2、開頭

用一句話表示歡迎的意思。

3、正文

說明歡迎的情由，可以敘述彼此的交往、情誼，說明交往的重要意義。對初次來訪者，還應該多介紹自己所在機關或所在企業的情況。

4、結語

要用敬語表示祝願。在致迎賓辭時要注意以下幾個問題：

（1）　迎賓辭的內容要根據來客的身分不同而有所區別，絕不能千篇一律。

（2）　迎賓辭的正文用語要樸實、熱情、簡潔、平易，語氣要親切、誠懇，感情一定要真摯，不宜用長句，宜用短句，言辭應力求格調高雅。比如在迎賓辭中要加上一些好客的諺語和格言，如「有朋自遠方來，不亦樂乎」、「有緣千里來相會」等，添加一些諺語，將會增色不少。對以往的回顧要簡潔，議論不要過多，要精准到位；對主賓的稱讚和評價要中肯，不能過分誇張。可以有適當的聯想和發揮，但篇幅絕對不能過長。

二、敬酒辭賞析

國際研討會歡迎宴會敬酒辭

【主題】迎賓敬酒

【場合】迎賓宴會

【人物】來賓、學者

【致詞人】研討會召集人

【祝辭風格】莊重，嚴謹

親愛的各位學者，女士們、先生們：

晚安！

借著金風送爽，我們今晚相聚在美麗的河畔。與各位學者和嘉賓歡聚一堂，感到非常高興。我謹代表○○市與○○學會對各位嘉賓表示熱烈的歡迎！

與會的學者和嘉賓，有著名跨國公司的高級管理人，有國際知名的經濟專家，有造詣精深的經濟學者。我深切地感受到各位探究的精神和積極務實的態度。充分發揮我們的集體智慧，不僅有利於推動人類經濟的發展，更有利於交流諸位專家在不同領域的合作和發展。我一直期待研討會的到來，聽取和了解諸位對經濟社會發展的真知灼見。我們今天歡聚在這裡，為的是共同的目標：加強合作交流，拓展發展空間，為經濟發展增添活力，也為你們事業的發展創造機會。

全球化代表著商業活動進入嶄新的階段，每個國家都在面對更嚴峻的國際競爭。在這樣的大背景下，我們要研究如何全面提升國際競爭力，為企業做借鏡，也為全球化產生的新現象總結，更可以驗證過去的理論正確性，為所有人創造更多的發展機會跟空間。

現在，讓我們為這次國際研討會的圓滿成功，為我們的真誠合作，為在座各位的豐碩研究成果與事業、身體健康、家庭幸福，乾杯！

三、迎賓賀語參考

向新朋友們表示熱烈歡迎，並希望能與新朋友們密切合作，發展相互間的友好合作關係。

讓我們的手緊握在一起，友好交流吧！心靈相通，快樂地笑吧！共同傾吐各自嚮往的美好未來。

我們辛勤耕耘著這一塊土地，甜果澀果分嘗一半。為了共同享有那糖蜜

的生活，我們仍然需要繼續奮鬥，需要精神團結。

　　願我們共同澆注心血的田地裡，能成長出豐盛的果實。讓我們從現在開始，肩並肩，手拉手，將過去和未來聯繫起來吧！

　　我們的友誼裡蘊涵著熱情、善良和希望。

　　人之相知，貴相知心。

第十一章　答謝酒：謝君有意垂青眼，不醉不歸酬此情

自古以來，人們就提倡「禮尚往來」、「知恩報德」、「來而無往非禮也」，於是在人際交往中便有了「謝」的言行。答謝辭是一種最高級的致謝形式，它聲情並茂，能夠最充分、最有效地表達謝意，在外交、社交活動日趨頻繁的當代社會，發揮著越來越重要的作用。

一、答謝敬酒辭的結構及其注意事項

所謂答謝辭是指主人致歡迎辭或歡送辭後，來賓所發表的對主人熱情款待和關照表示謝意的演講。答謝辭也指客人在舉行必要的答謝活動中所發表的感謝主人盛情款待的演講。

發表答謝辭的重點在於對主人的熱情好客表達出的真摯感謝之情。

答謝辭包含稱呼、開頭、正文和結尾。

1、稱呼

答謝辭稱呼宜用尊稱，如「親愛的各位來賓」等。

2、開頭

用一句話向主人致以感謝之意。

3、正文

簡要闡述具體事例，對主人所做的一切安排給予高度評價，對主人熱情而周到的款待表示衷心感謝，對訪問其間取得的收獲給予肯定。接下來談談自己的感想和心情。如，稱讚主人所取得的成績，講述自己對主人的美好印象等，傳遞如果有機會期待繼續會面的想法等。

4、結語

主要是再次表示感謝，並對雙方關係的進一步發展表達誠摯的祝願。期待著再次重逢。要想寫出高品質、較完美的答謝辭，須「注意」處理好以下幾個方面的關係：

1、客套與內容

「客套」是禮儀的表現，「內容」才是實際的東西。一方面，需要客套；但另一方面，客套要為內容服務，不宜過多，更不宜過分，以免造成對方的反感。

2、友誼與原則

在談論雙方關係時，既要充分表達友好之情、友誼之願，又不可喪失原則立場。對於敏感問題應盡可能地迴避，對於迴避不掉的矛盾與分歧，也應以坦誠的態度、溫和的口吻、委婉的言辭作出恰當得體的表達，要謹防出言不遜或不慎而傷害了對方的感情。

3、過去與未來

致詞中應少講昔日之「辛酸」，多談未來之「明麗」。

4、「己見」與「人見」

「己見」，即自己的見解與意見；「人見」，指別人的、對方的見解與意見。當然，答謝辭所表述的主要是「己見」；但是當自己的答謝處於對方的「歡迎辭」或「歡送辭」之後時，最好能將對方的意見引述過來，融入自己的意見之中。這樣做，不僅可以豐富致詞的內涵，而且也可巧妙地融洽雙方關係，增強和悅氣氛。

5、「言謝」與「行謝」

「言謝」，即以言語致謝；「行謝」，指以實際行動致謝。孔夫子就主張要「聽其言而觀其行」（《論語‧公冶長》），可見「行」是取信於人的一個最重要的方面。

6、「雅」與「俗」

這是對致詞用語的要求。與其他的演講文書一樣，答謝辭是訴諸聽覺的，要想讓人聽得順心悅耳，就應將優美雅潔的書面語與活潑生動的口語融合，以獲得琴瑟和絃、雅俗共賞的美感。

二、敬酒辭賞析

升學宴上的答謝敬酒辭

【主題】答謝敬酒

【場合】升學答謝宴會

【人物】親朋好友

【致詞人】父親

【祝辭風格】輕鬆、詼諧

親愛的各位來賓、親友們：

大家好！

首先讓我代表全家向各位來賓及親友們表示熱烈的歡迎和衷心的感謝！

今日幼子有幸學測就榜上有名，而能和大家在此歡聚一堂！這是我們全家的幸福。作為父親，我為兒子實現自己夢想而無比激動和高興。

兒子能夠取得今天的成績，是和他的恩師諄諄的教誨與在座親友的鼎力相助分不開的，所以我還要鄭重地說聲謝謝你們。

芳林新葉催陳葉，流水前波讓後波。孩子的進步讓我感到自豪和驕傲。金榜題名也只是他人生旅途步入社會所踏出的第一步，希望他在今後的日子裡百尺竿頭，更進一步，學業有成，一路順遂。

在此，我也要告誡我的兒子，你自己的人生道路才剛剛開始，未來還需要你自己去創造！你要戒驕戒躁、繼續努力，走出一條真正屬於自己的精彩人生道路！從大學開始，你就離開父母適應獨自飛翔的生活了！我相信你會做得更好，飛的更高，超越你的父母！

在此，代表我兒子，我的家庭，感謝一直以來關心、支持我們的每一位親朋、好友、師長，在座的和沒有到場的！你們都是我們生命裡最值得尊敬的人！

藉今天的酒，我希望在座每一位今晚都能夠盡興。

讓我們為孩子有個美好的未來乾杯！謝謝！

公司批發會答謝酒會敬酒辭

【主題】答謝敬酒

【場合】批發會答謝宴會

【人物】來賓、經銷商

【致詞人】批發會召集者

【祝辭風格】輕鬆、詼諧

各位來賓、經銷商朋友們：

大家好！

在新春佳節來臨之際，各位能在百忙之中抽空來到○○，共聚於我們○○批發會，我們深感榮幸！值此良辰美景，請允許我代表○○公司全體員工，向出席今晚酒會的各位來賓、各位朋友致以最熱烈的歡迎和最誠摯的問候！

○○品牌自創立以來，走過了幾十年不尋常的發展歷程。這些年來，我們與社會各界朋友，尤其是與在座的各位嘉賓建立了深厚的友誼，在大家的關心和支持下，我們的工作日新月異。在剛剛過去的一年裡，○○品牌榮獲了大量獎項，包含產品設計到銷售服務，這些成績的取得，離不開在座各位的支持和厚愛，在此，我先敬各位嘉賓一杯酒，感謝大家多年來對○○服飾一如既往的關愛！謝謝大家！

展望未來，○○公司將秉持著一貫的職人精神，在新的一年裡不斷推出高品質、高市場占有率的優良產品，在企業持續發展的同時，讓在座的各位也都蒸蒸日上、生意興隆！我堅信，我們將共同見證○○品牌的成長，讓我們舉杯共祝：新的一年有新的進步，新的耕耘帶給我們新的輝煌！

最後，提前祝福大家春節愉快、身體健康、闔家歡樂！

三、答謝語參考

借此機會，請允許我對您過去的支持和幫助表達我最真誠的感謝，希望在以後的日子裡，能得到您一如既往的支持。

一路走來大不易。這些年來，我們與社會各界朋友，尤其是與在座的各位嘉賓建立了深厚的友誼，在大家的關心和支持下，我們的工作日新月異。

今天藉這杯薄酒，聊表謝意，謝謝大家的支持！

我能取得這樣的成績，離不開在座各位的支持和厚愛，在此，我敬各位一杯酒，感謝大家多年來對我的關照和厚愛！

我真誠地希望，與各位新老朋友進一步增進友誼，密切聯繫，加強合作，攜手創業！

請各位開懷暢飲，為朋友們的健康，為我們的友誼，為共同的事業，乾杯！

我誠摯地邀請親愛的朋友們，常來這裡走一走、看一看，尋找更多合作商機，共創發展錦繡前程！

在以往的工作中，貴方給予了我們充分的理解和有力的支持，對此表示深深的敬意和誠摯的感謝，讓我們共創美好的明天！

第十二章　節慶酒：唯願當歌對酒時，月光長照金樽裡

節日是一個約定成俗的日子，在節日這一天，親朋好友總會歡聚一堂，共同慶祝節日。在節日裡，吃吃喝喝自然離不開酒，每每酒席散盡之時，通常都是「家家扶得醉人歸」。

一、節慶敬酒辭的結構

每逢佳節，人們總免不了要聚會「宣洩」一番，「宣洩」自然免不了酒。因此，節慶敬酒辭的主要特點就是要表達出人們歡度節日的愉快之情。

節慶敬酒辭由以下幾部分組成：稱呼、開頭、正文、結尾。

1、稱呼

節慶敬酒辭稱呼宜用親切的稱呼，如「各位女士、各位先生、各為朋友」等。

2、開頭

主人應先向賓客、員工等致以節日的祝賀與問候。

3、正文

談談在這一節日裡舉辦宴會的目的，再用具體的事例，對賓客、員工等所作出的成績給予充分的肯定和中肯的評價。接下來說說自己的感想和心

167

情，或者是對未來的憧憬和期望。

4、結尾

傳遞節日祝福，期待能更上一層樓。節慶敬酒辭的用語一定要情感豐富、語言也要簡練。

二、敬酒辭賞析

尾牙敬酒辭

【主題】節慶敬酒

【場合】尾牙宴會

【人物】公司總裁、員工

【致詞人】公司總裁

【祝辭風格】輕鬆詼諧，激情澎湃

各位女士、各位先生、各位朋友：

大家晚安！

喜悅伴隨著汗水，艱辛孕育著成功，挫折激勵我們奮鬥，不知不覺地走過了今年，迎來了新的一年。今晚我們歡聚在〇〇公司成立後的第 X 個年頭裡，我和大家的心情一樣激動。

在辭舊迎新之際，首先我謹代表〇〇公司向長期關心和支持公司事業發展的各級主管和社會各界朋友致以節日的問候和誠摯的祝願！

同時，也請允許我向我們的家人和朋友拜年！我們的點滴成績都是在家人和朋友的幫助關懷下取得的，祝他們在新的一年裡身體健康、心想事成！

另外，也請允許我代表公司管理層向辛苦了一年的全體同仁們拜年！感謝大家在過去一年裡的辛苦付出，是你們夜以繼日地堅守在工作職位上，用

辛勤的汗水澆鑄了我們不倒的豐碑。借此機會，我向公司各單位的員工表示親切的慰問和由衷的感謝。

展望新的一年，公司已經站到了新的高度，新的一年，公司將持續遵循以往的成功方針，並在舊有基礎上深化，目的只有一個：全面提升公司的核心競爭能力。我相信來年一定會是一個風調雨順、五穀豐登的一年，○○公司一定會更強盛，員工的收入也一定會上一個臺階！

讓我們以自強不息的精神、團結打拚的鬥志去創造新的輝煌業績！新的一年，讓我們攜手去創造更加美好的未來！乾杯！

婦女節敬酒辭

【主題】節慶敬酒

【場合】婦女節宴會

【人物】婦女

【致詞人】婦女代表

【祝辭風格】輕鬆詼諧，熱情澎湃

各位長官，姐妹們、朋友們：

春光三月，萬象更新。在這生機盎然的季節裡，我們欣喜地迎來了「三八」國際婦女節。在此，我代表所有婦女向長期支持婦女運動以及發展的所有人表示誠摯的感謝！向前來參加或因故未到本次活動的姐妹們，致以節日的問候！

「三八」婦女節是紀念世界各國婦女為爭取和平、民主、婦女平權而不懈鬥爭的重大節日。在各位姊妹們的不懈努力下，證明了我們的訴求是正確的，也取得良好成效。

希望姐妹們在未來可以繼續充分發揮潛能，追求環境永續發展、推動人權落實，增強「自尊、自信、自立、自強」意識，團結起來，加強我們的內

涵，持續奮鬥。

最後讓我們斟滿杯中的美酒，衷心祝願姐妹們婦女節快樂！祝願在場的各位身體健康，工作順利，家庭幸福，萬事如意！

勞動節敬酒辭

【主題】節慶敬酒

【場合】勞動節宴會

【人物】公司總裁，員工

【致詞人】公司總裁

【祝辭風格】熱情似火，熱情澎湃

同仁們：

今天是「五一」國際勞動節，它是全世界勞動人口的共同節日。在此，我謹代表公司管理階層全體，向全體同仁致以節日的問候！向堅守在各工作職位上的員工們，表示親切的慰問！

今天，我們公司的部分員工正在工廠勤奮認真地工作著。為此，我們要學習他們敬業、無私奉獻的精神。隨著社會的發展漸好，我們要在公司推廣尊重勞動人口、尊重知識、尊重人才、尊重創造的精神。使廣大員工能夠公平地透過艱苦奮鬥贏得美好未來，透過誠實工作創造幸福生活。我們公司必將繁榮發展，我們的生活必將富足安康！

最後，請大家舉杯，在這個屬於你們，也屬於我們，屬於大家的節日裡，共飲幸福酒。祝大家身體健康！工作順利！節日愉快！

父親節敬酒辭

【主題】節慶敬酒

【場合】父親節宴會

【人物】父母、兄弟姐妹、來賓

【致詞人】兒女代表

【祝辭風格】輕鬆詼諧，熱情澎湃

親愛的爸爸媽媽、各位兄弟姐妹、各位來賓：

大家好！

今天是個值得紀念的日子，是一年一度的父親節！我們相聚在這裡，為我們的父親、母親祝福，祝爸爸媽媽幸福安康！

俗話說：父愛重如山，高大而巍峨；父愛如天，粗獷而深遠；父愛是深遂的、偉大的、純潔而不求回報的。父親像是一棵樹，總是不言不語，卻用他枝葉繁茂的堅實臂膀為樹下的我們遮風擋雨、製造蔭涼。不知不覺間我們已長大，而樹卻漸漸老去，各位，請務必好好對待你們的父親！

讓我們在屬於父親的節日裡真心地說一聲:爸爸，幸苦了！讓我們舉杯，為父親、母親健康長壽，乾杯！

中秋節敬酒辭

【主題】節慶敬酒

【場合】中秋節宴會

【人物】來賓、員工

【致詞人】總裁

【祝辭風格】熱情澎湃、莊重嚴謹

親愛的各位總經理、各位工程師、各位業務，同仁們、朋友們：

晚安！

海上升明月，天涯共此時。我們十分高興地迎來了一年一度的中秋佳節，這是一個團圓和慶祝豐收的節日。今天，我們歡聚在這裡，共度中秋佳節，表達的是盼望團圓的心情，實現的是共同的目標，展現的是○○公司這

個溫馨家園的濃濃情意。在此，我代表○○公司多年來的支持與合作表示衷心的感謝！向參與開發建設的各位同仁致以最真摯的節日問候和美好的祝福！中秋是一年中月亮最圓的時候，家和業旺，人聚業興。

　　我們的開發建設之所以能夠取得重大突破和進展，之所以能夠引起社會各界的關注和支持，不只是因為我們經過了數十年的不懈努力和執著追求，更因為擁有你們 —— 創造這一切成就和財富的工作夥伴。是你們辛勤的工作保證了開發建設的順利推進，是你們的技術精良，讓困難問題得以解決，是你們忘我的付出保證了○○公司建立了良好的對外形象。你們勇挑重擔，忠誠敬業，你們吃苦耐勞，甘願在我們設施還不夠完善，環境還不夠優美的公司工作和生活，你們的努力我們看到了，聽到了，也感受到了……

　　值此中秋佳節，讓我們為了全體員工的幸福生活，為了我們之間的深厚情誼，為了朋友們的健康快樂，也為了○○公司輝煌燦爛的明天，乾杯！

教師節座談會敬酒辭

【主題】節慶敬酒

【場合】教師節宴會

【人物】校長、來賓、教師

【致詞人】校長

【祝辭風格】熱情澎湃、莊重嚴謹

親愛的各位貴賓、老師們：

　　大家好！金風送爽，碩果滿枝。值此教師節來臨之際，學校在此向在教學、研究第一線辛勤耕耘、努力工作的老師，以及打拚進取、無私奉獻的行政人員和全體教職員致以節日的祝賀和誠摯的感謝！也向為學校發展做出貢獻、至今仍心繫學校發展的退休老師們表示親切的慰問和衷心的祝福！

　　近年來我校取得大量優良成績，能有如此成果，主要得益於我們學校有

一群敬業、辛勤耕耘、默默奉獻的優秀師資，有一批團結合作、開拓創新，為學校的發展做出了突出貢獻的管理和服務人員。我校教師具有「踏踏實實做人，認認真真做事」的優良傳統，具有教學與研究並重、理論與實踐相互結合的現代科學理念，具有勇於創新、敢為人先的開拓意識，具有積極進取、自強不息的艱苦創業精神，具有獻身教育、追求真知的為人師表風範，具有嚴謹治學、誨人不倦的教書育人情懷，具有忠於職守、無私無畏的奉獻精神。正是由於全體教職員工的努力，造就了辦學的成功！

每一條小路都有它的起點，每一條江河都有它的源泉，每一座大廈都有它的根基，每一個人都曾有恩師相伴！三尺講臺見證了您的辛苦，潔白的粉筆書寫了您的一生。您用語言播種，用粉筆耕耘，用汗水澆灌，用心血滋潤，這就是老師的偉大貢獻。

最後，衷心祝願廣大教師和教職員工在培養人才的偉大事業中，大顯身手，大展鴻圖，共創更加燦爛美好的明天。祝全校教職員工身體健康、工作順利、闔家幸福、節日愉快！

最後，讓我們為新世代的教育事業，為在座各位的身體健康和美好生活，乾杯！

三、節慶賀語參考

1、新春、元旦、中秋節用賀詞

但願我寄予您的祝福是最新鮮，最令你百讀不厭的，祝福你新年快樂，萬事如意！

願新年的鐘聲，敲響你心中快樂的音符，幸運與平安，如春天的腳步緊緊相隨！春華秋實，我永遠與你同在！

新春賀喜，讓新春的風吹進你的屋子，讓新春的雪飛進你的屋子，讓我新春的祝願，飄進你的心坎。

讓平安坐上開往春天的火車，讓快樂與你不見不散，讓祝福與吉祥一個都不能少，讓你的溫馨和浪漫沒完沒了！祝新年快樂！

心到，想到，得到，看到，聞到，吃到，福到，運到，財到，中秋節還沒到，但願我的祝福第一個到。提前祝你中秋節快樂！天天好心情！

月亮是詩，星空是畫，願所有的幸福伴隨你，問候是春，關心是夏，願所有的朋友真心待你，溫柔是秋，浪漫是冬，願所有快樂跟隨你。

月圓的夜，是你的夜也是我的夜；藤蘿架下聽故事，是你的心也是我的心；桂花飄逸，是你的香也是我的香；中秋祝福，是你的願也是我的願。

2、婦女節、勞動節、教師節用賀詞

一個美麗的女人是一顆鑽石，一個好的女人是一個寶庫。婦女節快樂！

好女人是山，端莊大方;好女人是水，柔情綿綿;好女人是書，滿腔智慧;好女人是港，安全可靠。祝婦女節快樂！

做女人不易，做母親更是不易！沒有女人就沒有男人！願所有的女士婦女節快樂！尤其是偉大的母親！

沒有太陽，花朵不會開；沒有愛，幸福不會來；沒有婦女，也就沒有愛；沒有你我不知道什麼叫未來，祝福你，婦女節快樂！

節日，不妨出去走走。不妨放鬆呼吸，走向絢麗陽光，把發黃的心事交給流水，向遠去的霧靄行個注目禮。聞您重擔在肩，夙夜匪懈，謹願百忙之中，起居有節，身心常健，事事常順。

五彩繽紛的世界裡，友情珍貴，在這長長的假日裡，祝你快樂！

我是一棵綠樹，沐浴著智慧的陽光，在您知識的土壤裡，茁壯成長。天

的深情，地的厚愛，銘刻在我心裡，生生世世，永不忘懷。

別後，漫漫歲月，您的聲音，總在我耳畔響起；您的身影，常在我腦中浮現；您的教誨，常駐在我心田……在今天這屬於您的日子裡，恭祝您平安如願！

您就像是蠟燭，點燃自己，照亮別人，也像吐盡青絲的春蠶，為了讓年輕一代得到攀登巔峰的「金鑰匙」，您白了頭髮，費盡了心血。在教師節之際祝您身體健康、萬事如意！

追憶似水年華，描述師生情深，在那青澀的年代，老師鄭重的囑託為我們指引正確的航向，是老師堅實的雙手托起我們燦爛的明天。

讓陽光送去美好的期待，讓清風送去我們深深的祝福，讓白雲和藍天永遠點綴你的生活，願你的生活充滿快樂！

當我們採摘豐收果實的時候，您留給自己的是粉筆灰染白的兩鬢白髮。向您致敬，敬愛的老師！

3、父親、母親節用賀詞

每當想起你我就無比的自豪，是您時刻在激勵我不斷奮進。在這個特殊的節日裡我祝福你！

爸爸的教誨像一盞燈，為我照亮前程；爸爸的關懷像一把傘，為我遮蔽風雨。祝您父親節快樂！

爸爸，您總是用最平淡最樸素的方式去表達您的愛，但您的愛卻足夠我享用一輩子。祝您父親節快樂！

有人說，世界上沒有永恆的愛，我說不對！母親的愛是永恆的，她是一顆不落的星。看著母親一絲一絲的白髮，一條一條逐日漸深的皺紋，多年含辛茹苦哺育我成人的母親，在這屬於您的節日裡請接受我對您最深切的祝願：

母親節快樂，永遠年輕！

辛勞一輩子的您雖已銀髮如雪，可您在我心目中仍是那麼的青春亮麗！媽媽，祝您永遠年輕快樂！

我是從故鄉屋簷下飛出的一隻小鳥，每一根羽毛成長都凝結著您的深情撫愛和諄諄教導。

把無數的思念化做心中無限的祝福，默默的為你祈禱，祝你健康快樂！

沒有您就沒有我，就沒有我數十寒暑的悲傷，也沒有我春夏秋冬的歡笑，謝謝您給了我生命中美好的一切與成長。母親節快樂！

這世界上，沒有人比您更愛我；這世界上，也沒有人能取代您在我心裡的位置。媽媽，無論在哪裡，我永遠愛您。

第十三章　職場酒：且願得志數相就，床頭恆有沽酒錢

人在職場飄，哪能不喝酒。通曉職場喝酒禮儀，敬酒方式，對職場人士來說，猶如擁有護體金身，千杯不醉，猶如水中魚，左右逢源。

一、職場敬酒辭的結構

現如今，職場人士經常要陪同上司或代表企業參加各種交際應酬酒會宴席，因此掌握職場敬酒辭也就成了當務之急。

職場敬酒辭由以下四方面組成：

1、稱謂

稱謂是對現場來賓的稱呼。視來賓身分而定，務必要恰當、得體。如「敬愛的各位長官、全體同仁」、「各位貴賓、各位女士先生」等。

2、開頭

開頭通常要表達致詞者的心情和對來賓的歡迎。

3、正文

正文部分要著重談致詞者自己所在企業以往的發展軌跡，現如今所取得的成就，以及對來賓的支持表示感謝。

4、結尾

一般都要發出號召，展望前景，給來賓以激勵和鼓舞，並送上誠摯的祝福。

二、敬酒辭賞析

公司尾牙宴會敬酒辭

【主題】尾牙宴會敬酒

【場合】尾牙宴會

【人物】公司全體員工、嘉賓

【致詞人】公司總經理

【祝辭風格】熱情澎湃、莊重嚴謹

親愛的各位來賓、朋友們，全體同仁：

大家晚安！

在這個華燈璀璨的夜晚，我們相聚一堂，對公司本年度做出總結。首先，請允許我代表公司感謝各位嘉賓、各位朋友對○○公司一貫的支持和幫助！

其次要感謝○○全體員工，因為你們的努力和敬業，才讓公司有今天傲人的成績，可以說，沒有你們，便沒有今天的成果，你們是公司的血液，公司因為有了你們才得以健碩成長。此外，還要感謝你們的家人，因為有他們在背後默默地支持、鼓勵和幫助，才讓你們能夠全身心地投入到工作，投入到自己的事業，可以說他們是當之無愧的幕後英雄，你們的功勳章裡有他們一半的功勞。

回望過去的一年，公司湧現了一大批優秀員工，我為公司擁有這樣的員

工而驕傲，而自豪，為他們在工作無怨無悔的付出精神，而感動，而敬佩。

過去的一年即將成為歷史，我希望，也祝願你們能繼往開來，在已經取得的成績上能更上一層樓。

當然，我們的產品之所有能走進千家萬戶，還離不開在各地銷售握一線耕耘的同仁們，是他們的努力付出，才讓我們產品為消費者所熟知，所接納，所喜愛。在這裡，我也要對他們說聲：你們幸苦了！

回望過去，可以說○○公司在各界朋友的大力支持，和全體同仁們的共同努力下，公司取得佳績，打了一個全壘打。

我希望，在來年，我們依然能攜手共進，再創輝煌！

最後，請大家舉杯，

為○○公司美好的明天，

為在座各位的健康，乾杯！

優秀員工敬酒辭

【主題】獲獎祝辭

【場合】頒獎宴會

【人物】公司全體人員

【致詞人】優秀員工

【祝辭風格】激情澎湃、莊重嚴謹

敬愛的各位長官、親愛的同仁們：

大家好！

感謝公司將優秀員工這個榮譽稱號頒給我，感謝長官們給予我這次發言的機會。

人生最大的幸福莫過於得到一個知己，人生最值得欣慰的事情，莫過於自己的付出得到他人的肯定。

我知道，公司上下，其實有很多同仁都比我優秀，比我出色，比我更適合得到這個稱號。長官們卻將這一莫大的榮譽給了我，我知道這是對我的厚愛，對我的照顧，對我的鞭策。

在今後的工作當中，我會時刻提醒自己，當全力以赴、盡職盡責完成工作，自動自發做好手邊的事情，應當發憤圖強，回報上司的厚愛。

我深信，在公司領導層的帶領下，在中層管理者的扶持下，在同事們的幫助和支持下，我會做出更好的成績。同時我也堅信，我們的隊伍也將以最專業、最高效、最真誠的服務贏得市場的認可，贏得客戶的稱讚。

讓我斗膽請求大家，一起舉杯，為企業獻上祝福！

歡迎嘉賓敬酒辭

【主題】聯誼祝辭

【場合】聯誼宴會

【人物】公司總裁、嘉賓

【致詞人】公司總裁

【祝辭風格】莊重、輕鬆

親愛的各位嘉賓：

你們好！

非常高興能代表○○公司，設宴招待各位。能與在座各位貴客、朋友歡聚一堂，是我的榮幸。在此，我謹代表○○公司對多年來一直關心、關愛和支持我們發展的各位長官和朋友們表示衷心的感謝，對各位的光臨表示熱烈的歡迎！

人間世間最乾淨的水是深山淙淙流淌的清泉，商界最難能可貴的是相互之間的提攜。

我感謝各位為我們之間牢不可破的友誼，所付出的辛勤勞動和心血，同

時也感謝各位盛情厚誼赴這次嘉賓雲集的宴會。

美好的時光，歡快的心情，伴隨著悅耳動聽的音樂和歡聲笑語，祝各位親愛的來賓：前面是平安，後面是幸福；吉祥是領子，如意是袖子，快樂是鈕子，快樂伴你生活每一天！

最後，請大家舉杯，為我們的相聚，為朋友們的身體健康，乾杯！

三、經典職場用語

一家和和睦睦，一年開開心心，一生快快樂樂，一世平平安安，天天精神百倍，月月喜氣揚揚，年年財源廣進。

清晨曙光初現，幸福在你身邊；中午豔陽高照，微笑在你心間；傍晚日落西山，歡樂隨你三百六十五天。祝你天天好運連連。

希望你每天都快樂得像爐子上的茶壺一樣，雖然小屁屁被燒的滾燙，但依然吹著開心的口哨，冒著幸福的小泡泡！祝你實現你所有的願望！

金秋是收穫的季節，金秋是誘人的時刻。願你收穫永遠如金秋的碩果，願你歡笑永遠如盛開的鮮花。

讓事業成為一種喜悅，你將會在厚積薄發中，迸射成功火花；讓喜悅成為一種志業，你將會在漫漫旅途中，收穫幸福感覺！

第二編　敬酒辭在日常生活中的應用

第十四章　商務酒：車旁側掛一壺酒，風笙龍管行相催

商場是沒有硝煙的戰場，戰場需要酒，商場同樣需要酒。酒能拉近人與人之間的距離。商場上一次成功的酒局，更有可能直接促成一筆買賣。這也是商務會館四處「氾濫」的原因。但是，成功的酒局，需要成功的敬酒辭。

一、商務敬酒辭的結構

俗話說：「無酒不成席」、「杯子底下好辦事」。因此，掌握商務敬酒辭的寫作要領便成了當務之急。

商務敬酒辭由以下四方面組成：

1、稱謂

稱謂要親切，視來賓身分而定，如「敬愛的○董事長」、「敬愛的各位長官」、「親愛的各位來賓」等。

2、開頭

先點明聚會的原由，再向來賓表示歡迎和對他的出席表示感謝。

3、正文

正文部分要總結自己所在企業在以往取得的成績，對員工等給予肯定和

讚揚。如果對方是自己所在企業的合作夥伴，還要對其表示感謝。接下來要談自己的感想和心情，對未來的憧憬和期望。目標既要鼓舞人心，又不可空泛，不切實際。

4、結尾

向出席商務酒宴的人獻上自己的祝福。

二、敬酒辭賞析

合作交流宴會敬酒辭

【主題】商務敬酒

【場合】商務宴會

【人物】理事、嘉賓

【致詞人】工會會長

【祝辭風格】務實，詳細

親愛的各位女士、先生們，大家晚安！

金秋送爽，丹桂飄香，我們相聚在這美麗的城市，參加五金電機工會第三屆第三次理事會。在此，我謹代表五金電機工會，向各位遠道而來的理事、嘉賓朋友們，表示熱烈的歡迎和誠摯的感謝！

政府的政策替產業描繪了未來藍圖，為產業的發展創造更多機會，也提出了更高的品質、服務、銷售方面的要求。各位同行，要緊抓這次難得的機遇握，全方位提升產業品質、服務與銷售，創造更大的市場，迎接更輝煌的明天！

最後，衷心祝願在座的五金電機工會同仁們身體健康！萬事如意！事業鼎旺！財源廣進！

讓我們為五金機電業的共同繁榮發展，乾杯！

在陸臺商招待宴敬酒辭

【主題】商務敬酒

【場合】招待宴會

【人物】臺商、各界友人

【致詞人】臺商代表

【祝辭風格】務實，詳細

在座的各位同鄉及朋友們：

大家好！

一元復始，萬象更新，我們爭取創立了全新的貿易平台與管道，為包括我們在內的國際知名產品進入中國大陸市場，提供了新的銷售方式和舞臺。廣大臺商可以藉由這新平台，更加了解大陸市場的需求，積極推動建立銷售管道和網路，從而擴大臺灣優質精品的進口，促進兩岸經貿的進一步發展。

新平台是一次大膽的創新，經過在座各位的不懈努力，我們成功地迎來拓展業務的機會。當然，限於首次辦理聚會，經驗不足，時間緊迫、任務繁重，我們還有許多服務不到之處，也請各位臺灣同鄉、貴賓們多多見諒。

剛才，我與在座的臺灣同鄉們進行了座談，大家提出了很好的意見和建議，我們都會認真研究並加以採納。進一步加強與各部門和各處公協會的配合，支持和幫助各位臺灣廠商進行經貿活動，努力為我們臺商創造高效、優質、便捷的服務。相信在我們的共同努力下，企業一定會越辦越好，蒸蒸日上！

同時，我也衷心希望臺灣的同鄉們，充分利用新平台，積極洽談合作，尋找發展商機與我們攜手，共同開創兩岸經貿交流與合作的嶄新篇章！

最後，讓我們共同舉杯，預祝各位生意興隆，身體健康，並祝大會圓

滿成功！

乾杯！

接風洗塵宴敬酒辭

【主題】商務敬酒

【場合】招待宴會

【人物】合作雙方主要負責人

【致詞人】接待方公司負責人

【祝辭風格】感情真摯，親切樸實

敬愛的○董事長、○總經理、各位來賓、各位新老朋友：

舉杯邀嘉賓，碰杯心貼心。在這詩意濃濃、情意濃濃、友情深深、緣分深深的夜晚，我們迎來了剛剛結識一個下午的「老朋友」，敬愛的○○公司董事長○先生。正如古人所說：「人生貴知心，定交無暮早。」長年廝守，同居一室，也有同床異夢，未曾相見，也有神交已久，相見恨晚。今日有緣，也一樣能夠如膠似漆。

儘管相見只是短暫的，我們交流不到三個小時，但我們雙方之間表現出了足夠的坦誠，展現了求實的態度，這讓我們之間的合作取得了良好的開端。只要我們共同努力，我相信，我們的合作一定能取得圓滿的結局。

今晚，我們特設薄酒，為○董事長一行接風洗塵；為我們有緣相會合作，共同擁有這美好的時光舉杯；為親愛的各位貴賓健康、愉快，乾杯！

三、商務賀語參考

感謝您在過去一年裡對我工作的支持，希望您在新的一年裡萬事如意，心想事成！

在人生的道路上，讓我們借助友誼的翅膀飛翔，迎著朝陽、彩雲、希

望、理想！

團結一致，友愛互助、為更好的事業而共同努力！

今天，我們在此歡聚一堂，共迎盛會，重敘友情，結識新朋，尋求商機，共謀發展。

積極洽談合作，尋找發展商機，我們攜手共同開創嶄新篇章。

信用是無形的力量，也是無形的財富。

信任是開啟心扉的鑰匙，誠摯是貫通心靈的橋梁。

精誠合作離不開「真誠」二字。你的真誠讓我感動，願我們都以真誠求真誠。

尋找每一次真誠，感受每一份真情！我願與您鼎力合作，共同飛向事業的頂峰！

給我一個機會，一定還你一個驚喜。我堅信我們一定能夠合作愉快。

第二編　敬酒辭在日常生活中的應用

第十五章　開幕酒：舉杯共飲樽中酒，不是親人勝親人

開幕辭是各種機關、社會團體、企業單位的領導者，在會議、典禮等等開幕活動時所做的演講，旨在闡明活動的宗旨、重要意義以及目標，向與會者提出辦好活動的核心任務和要求。在開幕之際，舉杯暢飲，藉以表達對活動成功的美好祝福。

一、開幕敬酒辭的結構

開幕敬酒辭通常由稱謂、開頭、正文及結尾組成。

1、稱謂

稱謂一般寫作「各為貴賓」、「先生們，女士們」，如有特邀嘉賓，可以寫作「親愛的○○○先生／小姐」等。

2、開頭

開頭是宣布開幕之類的話。

3、正文

正文部分一般包括以下內容：活動的籌備和出席活動人員的情況；活動的重要背景和意義；活動的性質、目的以及主要任務；活動的主要日程以及要求；活動的目標以及影響等。在致詞時一定要掌握活動的性質，鄭重闡述

活動的特點、意義、要求和希望，對於活動本身情況要進行的說明點到為止即可；行文要流暢、明快，評議要堅定有力，要充滿熱情，鼓舞有力。

4、結尾

結尾通常都是「祝活動圓滿成功」之類。開幕敬酒辭的特點是：簡潔明瞭、短小精悍，多使用祈使句，表示祝賀和希望；口語化，語言應該通俗、明快。

二、敬酒辭賞析

國際汽車展覽會開幕招待酒會敬酒辭

【主題】開幕敬酒

【場合】開幕宴會

【人物】總裁、嘉賓

【致詞人】總裁

【祝辭風格】務實，詳細

親愛的各位嘉賓，女士們、先生們：

晚安！

今天，有機會與各位嘉賓、各位朋友相聚，我非常高興。我謹代表本屆展會的主辦和承辦機構，對光臨今天晚上蒞臨開幕招待酒會的各位貴賓、各位朋友表示熱烈的歡迎和衷心的感謝。

本屆展會以「承載夢想、暢想生活」為主題，會場中展示各類乘用車、商用車以及汽車零部件、汽車用品等，展會總面積達到八萬五千平方公尺。其中，車輛參展企業六十家，展出面積六萬五千平方公尺；零配件及周邊用品參展企業三百二十八家，展出面積兩萬平方公尺。

本屆車展的參展企業陣容強大，品牌雲集，展商對本屆車展表現出高度重視。在媒體日當天舉行新車發布會的參展企業有三十多家，二十多臺概念車及九十多臺新車爭相登場；來自海內外的汽車產業知名廠商紛紛亮相，在汽車展這個優秀的商業平台上展示他們的最新產品、先進技術及品牌形象。

本屆展會還將舉辦精彩紛呈的系列活動，包括：汽車高峰論壇、汽車文化節、汽車工業歷史圖片展、汽車安全駕駛現場展演活動及汽車產業相關研討會等，從不同角度充分彰顯了汽車文化。

車展自創辦以來，一直注重與海內外媒體的合作，為眾媒體單位和記者提供更周到更優越的服務。三年以來，與車展保持緊密合作的媒體數量及品質都逐年提高。這些媒體的範圍遍及入口網站、電視臺、電臺、報紙、專業雜誌、時尚刊物等各個領域。正是這種密集的、多元的、持續性高的宣傳方式使車展聲名遠播。從這段時間媒體採訪報導申請的情況來看，本屆車展到會媒體（包括合作媒體和後期邀請媒體）數量和記者人數將會有更大的增加，預計將有六百家媒體、一千六百多名記者到場採訪報導。

同時，本屆展會秉承「以人為本、服務至上」的原則，力求為參展企業、媒體和觀眾提供更加周到、細緻和便捷的服務；繼續增設從市區主要飯店到展會現場的接駁公車，方便觀眾到會參觀；進一步完善電子門票、驗證系統，加強觀眾管理；尤其是今年首次在七月舉辦展會，為了讓觀眾免受高溫下排隊之苦，本屆車展全面實施使用電子票證刷卡進場的方案；本屆展會我們還增加了解決餐飲服務問題的力度，本屆展會的餐飲中心將可以同時提供五萬人同時用餐。

本屆展會不僅為前來參觀的海內外朋友們提供了汽車工業發展的豐富視覺享受，而且為全球汽車界的科技人員架設技術資訊交流的平台，為全球企業提供了一次商務合作的難得機會，也必將對汽車工業的發展和技術進步產

生積極的影響和推動作用。

本屆展覽會的成功舉辦，有賴於海內外有關單位的積極參與和大力支持。謹此，我代表主辦機構，向所有支持汽車展的機構和朋友們表示衷心的感謝！並誠摯地希望在座各位持續支持汽車工業及汽車展的發展與辦理。

現在，請大家舉杯！為本屆展會圓滿成功，為各位朋友的身體健康，乾杯！

公司開幕敬酒辭

【主題】開幕敬酒

【場合】開幕宴會

【人物】總經理、業界友人、員工

【致詞人】公司總經理

【祝辭風格】謙虛、務實

各位來賓、業界友人、在座的朋友們：

大家好！

首先，我代表○○全體員工，向諸位的光臨表示熱烈的歡迎和衷心的感謝！向那些一如繼往支持○○、支持○○公司成長的朋友們，再次說一聲謝謝！○○公司，因為您們的存在而漸漸長大，○○公司，因為您們的幫助而走向成熟。

在過去的兩年裡，○○公司經歷一波三折、潮起潮落，給我們這個產業留下了一些好的或是不好的影響，成了許多人茶餘飯後談論的話題。○○公司隨著產業產值的成長而成長，隨著○○的壯大，心態也在逐漸修復，可以坦然地面對大家，面對今天的一切。

經歷了這許多事以後，○○公司也由過去鄉下來的「傻小子」變得成熟了，在這個社會，僅憑一腔熱血是不夠的，還要學會去適應社會、適應環

境，在社會這個大環境裡每一個人僅僅是滄海一粟。

○○公司進入這個產業已 XX 載有餘，作為一個圈內人，真的希望我們這個產業越來越好。和我一樣，許多的人都已經把這個職業當成一個終身職業，無悔的追求。

為○○公司的明天更加美好，共進一杯！

三、開幕賀語參考

歡迎各位朋友來到這裡觀光旅遊，發展友好合作關係，最後，預祝此次國際技術合作和出口商品洽談會圓滿成功。

美好的未來要靠我們用熱情和衝動，用聰明和體力，用汗水和奉獻，用信念和奮鬥去開創！

二十一世紀，我們肩負的研究任務任重而道遠，讓我們以團結努力打拚，積極進取，為這個領域做出新的努力和貢獻。

我們要更加緊密地團結，在工作創業，造福於民的道路上再創新佳績，再鑄新輝煌！

第二編　敬酒辭在日常生活中的應用

第十六章　閉幕酒：萬語千言一杯酒，今朝散場盼再聚

閉幕敬酒辭通常要對會議或活動作出正確的評估和總結，充分肯定會議或活動所取得的成果，強調會議或活動的主要精神和深遠影響。在閉幕之際，感謝各方來賓的支持，傳遞祝福。

一、閉幕敬酒辭的結構及其特點

閉幕辭是一些大型會議結束時由相關領導者或德高望重者向會議、活動所做，帶有總結性、評估性和號召性的致詞。

閉幕辭常要對會議或活動做出評估和總結，肯定會議或活動所取得的成果，強調會議或活動的主要精神和深遠影響，激勵有關人員宣傳會議或活動的精神和貫徹落實有關的決議或倡議。

閉幕辭由標題、稱呼和正文、結尾四部分組成。

標題與稱呼的寫法與開幕詞基本相同。在標題和稱謂之後，另起一段首先說明會議已經完成預定任務，現在就要閉幕了；然後概述活動的進行情況，恰當地評價活動的收獲、意義及影響。核心部分要寫明：活動完成的主要事項和精神；活動的重要性和深遠意義。一般說來，這幾方面內容都不能少，而且順序是基本不變的。寫作時要掌握活動情況，有針對性地對會議內容予以闡述或肯定；行文要熱情洋溢，文章要簡潔有力，發揮提升鬥志，增強信念的作用。

結尾部分一般先以堅定語氣發出號召，提出希望，表示祝願等；最後鄭重宣布會議閉幕。

閉幕辭要寫得與開幕辭前後呼應、首尾銜接，顯得活動圓滿、成功。

閉幕辭有以下特點：

1、總結性

閉幕辭是在活動的閉幕式上使用的文種，要對活動內容、活動精神和過程進行簡要總結並作出評價，肯定活動的成果，強調活動的意義和深遠影響。

2、概括性

閉幕辭應對活動進展情況、取得的成果、提出的活動精神及活動意義等進行精要描述，因此，閉幕辭的篇幅一般都短小精悍，語言簡潔明快。

3、號召性

為激勵參加活動的全體成員實現活動提出的各項任務而奮鬥，增強參加者貫徹活動精神的決心和信心。閉幕詞的行文應充滿熱情，語言堅定有力，富有號召性和鼓動性。

4、口語化

閉幕辭要適合口頭表達，寫作時語言要求通俗易懂、生動活潑。

二、敬酒辭賞析

年會閉幕晚宴敬酒辭

【主題】閉幕敬酒

【場合】飯店宴會大廳

【人物】各國嘉賓

【致詞人】召集人

【祝辭風格】莊重，嚴謹

親愛的女士們，先生們：

晚安！

今晚，我們在著名的○○飯店宴會大廳，共同慶祝國際豆類貿易與產業聯盟大會取得圓滿成功。在這難忘的時刻，我謹代表食品進出口同業工會和豆類產業界向國際豆類產業及貿易聯盟和各國豆類同行、海內外嘉賓對本次年會的大力支持和積極參與，表示衷心的感謝，對所有的贊助商表示由衷的感謝，特別向晚宴贊助企業○○公司致以誠摯的謝意。

為期兩天的會議，有近三十名的業界知名人士和專家做了精彩的演講。整個會議充滿了合作與商機，充滿了信心與發展，這是一次高標準、高品質的國際專業會議，必將在推動全球豆類產業發展過程中發揮極大的作用。

今宵來自世界各地的朋友們歡聚一堂，共敘友情，我在這裡借用一句名言：「有朋自遠方來，不亦樂乎。」希望你們度過一個美好的夜晚。

最後，讓我們共祝國際豆類貿易與產業聯盟會議取得圓滿成功，共祝國際豆類貿易與產業聯盟發展壯大，共祝在座的朋友們身體健康、事業興旺。乾杯！

論壇閉幕宴會敬酒辭

【主題】閉幕敬酒

【場合】閉幕宴會

【人物】專家、學者

【致詞人】召集人

【祝辭風格】莊重，嚴謹

親愛的各位來賓，各位朋友：

本次資本經濟論壇在大家的共同參與、支持、幫助下，取得了圓滿的成功。我代表召集團隊向各位表示誠摯的謝意。

近兩天來，這片土地乃至於亞洲都在傳遞著來自我們的聲音，各位專家、學者深刻精闢的論述，為我們開拓了思想，使我們看見機遇，對我們加快發展有重大的意義。與此同時，各位嘉賓的到來也為這裡的美景，注入了新時代的特點和人文內涵，使美麗的風景更加夢幻迷人。

作為第一次舉辦論壇，一切剛剛開始，我們將銘記各位嘉賓的深情厚意。我們將更加合理地安排好各位嘉賓的工作和休息，努力把論壇培育成享譽全球的論壇年會。

儘管我們意猶未盡，但是又不得不依依惜別。在此我們誠摯地邀請各位嘉賓，明年再次來論壇賜教。

讓我們為新建立的友誼，為各位旅途愉快、工作順利、事業發達，乾杯。

三、閉幕賀語參考

祝賀這次學術研討會圓滿閉幕！

今宵，來自各地的朋友們歡聚一堂，共敘友情，我在這裡借用一句名言：「有朋自遠方來，不亦樂乎。」希望你們度過一個美好的夜晚。

朋友們，讓我們舉起杯，斟上葡萄美酒，從明天開始，我們要一直帶著人生的夢朝前走，讓我們就像許多朋友們說的那樣：「共唱一首歌，再相會！」

儘管我們還面臨著這樣那樣的困難和挑戰，但只要我們心往一處想，力

氣往一處用，辦法總比困難多。只要我們持之以恆，明天一定會更加美好。

第二編　敬酒辭在日常生活中的應用

第十七章　慶典酒：人逢喜事精神爽，一醉方休情更真

慶典活動通常是人們在事業有所成就的今天，對以往艱苦日子的感嘆。在一個特殊的日子裡，親朋好友，歡聚一堂，舉行慶典，加以紀念。

一、慶典敬酒辭的結構

慶典敬酒辭的重點在於表達出歡度慶典的愉悅之情。

慶典敬酒辭同樣由四部分組成，包括：稱謂、開頭、正文、結尾。

1、稱謂

稱謂要親切，視對象而定，如「親愛的各位貴賓」、「親愛的各位朋友們」等。

2、開頭

先點明慶典的緣由，再向賓客、員工等致以熱烈的祝賀和感謝。

3、正文

正文部分要總結過去取得的成績，對賓客、員工等給予肯定和讚揚。接下來可談自己的感想和心情，對未來的憧憬和期望。目標既要鼓舞人心，又不可空泛，不切實際。

4、結尾

對出席慶典的人獻上自己的祝福。

二、敬酒辭賞析

建寺一百週年慶典敬酒辭

【主題】慶典祝辭

【場合】○○寺

【人物】各位議員委員、法師、嘉賓

【致詞人】議員

【祝辭風格】莊重，嚴謹

各位長官、同仁、各位法師、各位嘉賓朋友：

你們好！

陽春三月，惠風和暢，因緣殊勝。在世界佛教論壇剛剛閉幕之際，大家期盼以久的○○

寺建寺一百週年慶典活動，明天就要隆重開幕了。今晚，我們在這裡舉行盛大的迎賓宴會，請允許我代表地方，向不辭辛勞、遠道而來的各位長官、各位法師、各位嘉賓，表示熱烈的歡迎並致以誠摯的謝意！

○○寺建寺一百年來，雖經動亂、祝融之厄，卻仍是地方乃至於更廣大地區的信仰中心。百年來，無數高僧大德、學子雅士為之留戀，高僧輩出，代代相傳，綿延不絕。近年來，○○寺在○○方丈的帶領下，加強寺院的維護和管理，在弘法利民、扶貧濟困、服務社會等方面，都取得了傲人的成績。

各位來賓，朋友們：有朋友自遠方來，不亦樂乎！今晚的○○寺嘉賓雲

集，諸佛護佑，四眾歡喜！讓我們舉杯，為慶典活動的圓滿成功，為方丈、僧人的法體康泰，為各位朋友的健康吉祥，乾杯！謝謝！

四十年慶典酒會敬酒辭

【主題】慶典祝辭

【場合】慶典晚會

【人物】集團總裁、嘉賓

【致詞人】總裁

【祝辭風格】莊重，嚴謹

各位貴賓、女士們、先生們：

你們好！

今天，我們在這裡舉行○○公司四十年慶典酒會。在此，請允許我代表○○公司向前來參加○○集團四十年慶典活動的各位貴賓、各位長官、女士們、先生們，表示熱烈的歡迎！對○○集團四十年慶典表示衷心的祝賀！

○○集團的前身是○○棉紡織廠。號召無數婦女，給予工作與機會，不只支持婦女家計，更讓棉紡織產業發展起來。

四十年來，○○集團培育出了○○員工勤於思考，勇於探索的進取精神，並逐漸形成了自身的特色品牌文化，培養造就了一大批忠於○○公司、樂於奉獻的優秀幹部、員工，使集團的核心競爭力逐步增強。特別是近幾年，○○經由更新觀念和轉換機制，以超常的速度推進集團的發展，企業也由建廠初期一萬紗錠（產量單位）的小棉紡織廠迅速發展成為擁有 XX 萬枚紗錠的現代化產業集團，成為紡織產業龍頭。作為一個傳統紡織企業，能達到這樣的高度，沒有前衛的發展意識、先進的管理理念和堅韌的實踐精神，是不可能的。以上成績的取得，全要仰賴在場的各位朋友。在此，我代表○○集團向各位表示衷心的感謝！

我相信，在新的挑戰和機遇面前，藉由○○集團領導層和全體員工的不懈努力，一定能夠實現○○集團發展的目標，創造出一個和諧美好、絢麗多彩的未來。

現在，為我們的進一步合作和日益增進的友誼，為各位的事業蒸蒸日上、生意興隆，為朋友們的健康幸福。

乾杯！

企業轉制十週年慶典晚宴敬酒辭

【主題】慶典祝辭

【場合】慶典晚宴

【人物】嘉賓、員工、議員、委員

【致詞人】企業總裁

【祝辭風格】莊重，嚴謹

各位長官、各界朋友、員工同仁們：

晚安！

今天，我們隆重舉行企業轉制十週年慶典活動。首先我代表全體員工，向百忙中前來參加我們慶典活動的議員、委員和各界朋友，表示熱烈的歡迎和衷心的感謝！

轉制十年來，企業產品銷售額從三千萬元成長到十五億元，總資產從四千九百五十萬元增加到十億元，廠區面積從八千平方公尺擴展到十三萬平方公尺，員工人數從兩百多人增加到一千一百人以上，碩士以上人員從十多人增加到一百五十多人，其中教授、高級工程師十五人。企業已經成為高科技產業的代表。

未來五年，我們將重點發展機械產業，培育電子產業，大量發展零件產業、縫紉機產業和織造產業，繼續發展進出口貿易和房地產產業。至五年

後，集團要實現年銷售額超過五十億元，同時建立起家喻戶曉的品牌與商標，建立產業科技實驗室和技術中心，爭取培育一家上市公司。力爭成製造業中一顆明亮的新星，今年的奮鬥目標是實現銷售二十億元（不含房地產）。

新的發展目標已經確定，任重而道遠。我希望全體員工加倍努力，用我們的智慧和汗水去創造美好的未來。我也希望各位長官和朋友們，給予更多地關心和支持，○○集團的發展史將見證你們的貢獻。

最後，讓我們舉杯，祝大家健康、快樂，企業興旺，乾杯！

公司成立宴會敬酒辭

【主題】慶典祝辭

【場合】慶典晚宴

【人物】公司總裁、全體員工

【致詞人】總裁

【祝辭風格】莊重，嚴謹

○○公司的全體員工：

我們歡度新春佳節餘興未盡，又迎來了○○公司 XX 週年的慶典，在這春意盎然的喜慶時刻，讓我們○○的新老員工盡情歡慶○○春天的到來。

在此，我對一年來辛勤工作的○○員工和支持○○發展的各界朋友致以真誠的謝意，謝謝大家！

憶往昔，崢嶸歲月稠，○○已走過了難忘的 XX 年里程，幾多歡聲笑語，沉浸著無限的人間真情，多少激流險灘，留下了我們打拚奮戰的身影，無數次慶功酒宴，記載了多少○○功臣的詩篇。

○○的多位員工幾年、甚至十幾年如一日，勤懇踏實，明辨是非，沒有華麗的語言，盡是腳踏實地的貢獻。

數風流人物還看今朝，過去的一年裡，在○○全體員工的努力下，取得

了顯著的成績，○○成功地走出了低谷，經營已由被動變為主動，掌握了穩步發展的主動權。

仁者多助，義者無敵。我們不屈不撓的努力，終於挺過了考驗我們意志和勇氣的嚴酷寒冬，公平的老天又賜給○○明媚的春天。今年，將是○○迅速發展的一年，是○○慶收穫的一年，我們將在產業宏圖大展，重做產業龍頭。讓○○這條巨龍在世界無數條大河中重新崛起，騰飛。

○○公司將以人品決定產品為準則，培養出更優秀的人才，做出更優秀的產品，在產業新老朋友的支持下為電池產業作出更大的貢獻。

祝○○全體員工週年快樂！祝○○公司蒸蒸日上！

乾杯！

三、慶典賀語參考

在這個充滿了機遇與挑戰的年代，唯有不斷地創新，超越自我，企業才具有永恆的活力，生存和發展的空間才更加寬廣。

我們已經跨入這個競爭形勢越來越激烈的產業，就必須悉心經營，朝夕必爭，分秒必奪，力圖更大的發展和更長足的進步。

優秀的企業是由優秀的團隊創造的，我們便擁有精誠合作、熱情昂揚的團隊，我們將與所有關心支持我們的朋友一起，去贏得新一年的光榮與輝煌！

遙想去年的今朝，我們兩袖清風而來，因創業的夢想走到一起，面對從零開始的艱苦局面，大家齊心協力、迎難而上，踏上了我們的創業征程。

回首過往，說不完的酸甜苦辣，道不盡的鬥志昂揚，我們一起相攜走過了平凡而又難忘的一年。

未來的希望，以日月作伴，與風雨同樂，辛勤耕耘在這方神奇的土地上。

第三編

敬酒辭與酒桌上「潛規則」遊戲

第一章　酒桌上的「潛規則」

　　酒桌上的「潛規則」也就是我們通常所指的最為通用的酒桌禮儀，包括入座禮儀，敬酒禮儀，喝酒禮儀，酒桌交談的宜忌，離席的技巧等。酒局中人，唯有掌握了這些，並能靈活應用，才能馳騁酒局。

一、入座有講究：遵循「尚左尊東」的規矩

　　總的來講，座次是「尚左尊東」、「面朝大門為尊」。若是圓桌，則正對大門的為主客，主客左右手邊的位置，則以離主客的距離來看，越靠近主客位置越尊，相同距離則左側尊於右側。若為八仙桌，如果有正對大門的座位，則正對大門一側的右位為主客。如果不正對大門，則面東的一側右席為首席。

　　如果為大宴，桌與桌間的排列講究首席居前居中，左邊依次二，四，六席，右邊為三，五，七席，根據主客身分、地位、親疏分坐。

　　如果你是主人，你應該提前到達，然後在靠門位置等待，並為來賓引座。如果你是被邀請者，那麼就應該聽從東道主安排入座。

　　一般來說，如果你的老闆出席的話，你應該將老闆引至主座，請客戶中最高級別的坐在主座左側位置。

二、敬酒有方式：你來我往的敬酒藝術

好客精神，在酒席上往往能發揮得淋漓盡致。人與人的感情交流往往在敬酒時得到昇華。敬酒時，往往都想對方多喝點酒，以表示自己盡到了主人之誼，客人喝得越多，主人就越高興，說明客人看得起自己，如果客人不喝酒，主人就會覺得有失面子。有人總結出以下的敬酒方式：

1、文敬

「文敬」，是傳統酒德的一種展現，即有禮有節地勸客人飲酒。酒席開始，主人往往在講上幾句話後，便開始了第一次敬酒。這時，賓主都要起立，主人先將杯中的酒一飲而盡，並將空酒杯口朝下，說明自己已經喝完，以示對客人的尊重。客人一般也要喝完。在席間，主人往往還要分別到各桌去敬酒。

2、互敬

「互敬」，是客人與客人之間的「敬酒」，為了使對方多飲酒，敬酒者會找出種種必需喝酒理由，若被敬酒者無法找出反駁的理由，就得喝酒。在這種雙方尋找共通理由的時候，人與人的情感交換得到昇華。

3、回敬

「回敬」，是客人向主人敬酒。即主人親自向你敬酒乾杯後，要回敬主人，和他再乾一杯。回敬的時候，要右手拿杯子，左手托底，和對方同時喝。乾杯時，可以象徵性地和對方輕碰一下酒杯，不要用力過猛，非聽到響聲不可。出於敬重，可以使自己的酒杯稍低於對方酒杯。如果和雙方相距較遠，可以以酒杯杯底輕碰桌面，表示碰杯。

4、代飲

「代飲」：即不失風度，又不使賓主掃興的躲避敬酒的方式。本人不會飲酒，或飲酒太多，但是主人或客人又非得敬上以表達敬意，這時，就可請人代酒。代飲酒的人一般與他有特殊的關係。在婚禮上，男方和女方的伴郎和伴娘往往是代飲的首選人物，故酒量必須大。

5、罰酒

罰酒是「敬酒」的一種獨特方式。「罰酒」的理由也是五花八門的。最為常見的可能是對酒席遲到者的「罰酒三杯」，有時也不免帶點開玩笑的性質。

三、喝酒有學問：酒桌上不可不知的「潛規則」

俗話說，酒是越喝越多，但在酒桌上也有很多學問講究，以下整理了一些酒桌上的你不得不注意的小細節：

(1)　上司相互喝完才輪到自己敬。

(2)　可以多人敬一人，絕不可一人敬多人，除非你自己是高位者。

(3)　自己敬別人，如果不碰杯，自己喝多少可視情況而定，比如對方酒量，對方喝酒態度，切不可比對方喝得少，要知道是自己去敬人。

(4)　自己敬別人，如果碰杯，一句：我喝光，你方便就好，方顯大肚。

(5)　自己職位卑微，記得多給上司添酒，不要亂給上司代酒，就是要代，也要在上司確實想找人代，還要裝作自己是因為「想喝酒」而不是為了給上司代酒而喝酒。比如上司 A 不勝酒力，可以透過旁敲側擊把準備敬上司 A 的人攔下。

(6)　端起酒杯（啤酒杯），右手持杯，左手墊杯底，記著自己的杯子永

遠低於別人。自己如果是相對高位者，則不要放太低，不然怎麼叫屬下做人？

(7)　如果沒有特殊人物在場，碰酒最好按時針順序，不要厚此薄彼。

(8)　桌面上不談生意，喝得盡興，生意也就水到渠成，大家心裡面了然，不然人家也不會放開自己跟你喝酒。

(9)　不要裝傻，說錯話，辦錯事，不要狡辯，自覺罰酒才是硬道理。

(10)　假如遇到酒不夠的情況，酒瓶放在桌子中間，讓人自己添，不要一個一個去倒酒，不然後面的人沒酒怎麼辦？

(11)　最後一定還有一個結束乾杯，所以，不要讓自己的酒杯空著。跑不了的。

(12)　注意酒後不要失言，不要說大話，不要失態，不要亂吐口水，筷子亂甩，不要手指亂指，喝湯噗噗響，沒人攔你。

(13)　不要把「我不會喝酒掛在嘴上（如果你喝的話），免得別人罵你虛偽。

(14)　上司跟你喝酒，是給你面子，不管上司要你喝多少，自己先乾為敬，記住啊，雙手，杯子要低。

(15)　花生對喝酒的人來說，是個好東西。保持清醒的頭腦，酒後噓寒問暖是少不了的，一杯優酪乳，一杯熱水，一條熱毛巾都顯得你關懷備至。

四、說話有宜忌：好言一句助酒興

酒作為一種交際媒介，迎賓送客，聚朋會友，彼此溝通，傳遞友情，發揮了獨到的作用，所以，探索一下酒桌上的「奧妙」，有助於你求人交際的成功。

1、與眾同樂，切忌私語

大多數酒宴賓客都較多，所以應盡量多談論一些大部分人能夠參與的話題，得到多數人的認同。因為個人的興趣愛好、背景知識不同，所以話題盡量不要太偏，避免天南地北，無邊無際地聊，出現跑題，而忽略了眾人。

特別是盡量不要與人貼耳小聲私語，給別人一種神祕感，往往會使人產生「就你們好」的嫉妒心理，影響喝酒的效果。

2、用語得體，詼諧幽默

酒桌上可以顯示出一個人的才華、常識、修養和交際風度，有時一句詼諧幽默的語言，會給客人留下很深的印象，使人無形中對你產生好感。所以，應該知道什麼時候該說什麼話，語言得當，詼諧幽默很關鍵。

3、勸酒要適度，莫強求

在酒桌上往往會遇到勸酒的現象，有的人總喜歡把酒場當戰場，想方設法勸別人多喝幾杯，認為不喝到量就是不實在。

「以酒論英雄」，對酒量大的人還可以，酒量小的就困難了，有時過分地勸酒，會將原有的朋友感情完全破壞。

4、掌握說話的分寸

酒席宴上要看清場合，正確評估自己的實力，不要太衝動，盡量保留一些酒力和說話的分寸，既不讓別人小看自己又不要過分地表露自身，選擇適當的機會，逐漸綻放自己的鋒芒，才能穩坐泰山，不致使別人產生「就這點能力」的想法，使大家不敢低估你的實力。

五、離席有技巧：得心應手的逃脫術

一般酒會的時間很長，大約都在兩小時以上。也許逛了幾圈，認識一些人後，你很快就想離開了。這時候，中途離席的一些技巧，你不能不了解。

常見一場宴會進行得正熱烈的時候，因為有人想離開，而引起眾人一哄而散的結果，使主辦人急得直跳腳。欲避免這種煞風景的後果，當你要中途離開時，千萬別和談話圈裡的每一個人一一告別，只要悄悄地和身邊的兩三個人打個招呼，然後離去便可。

中途離開酒會現場，一定要向邀請你來的主人說明、致歉，不可一溜煙便不見了。

和主人打過招呼，應該馬上就走，不要拉著主人在大門聊個沒完。因為當天對方要做的事很多，現場也還有許多客人等待他（她）去招呼，你占了主人太多時間，會造成他（她）在其他客人面前失禮。

有些人參加酒會，當中途準備離去時，會一一問他所認識的每一個人要不要一起走。結果本來熱熱鬧鬧的場面，被他這麼一鼓動，一下子便提前散場了。

因此，一定要注意離席的方式、方法。

第二章　五花八門的酒令

　　酒令，與悠久的酒文化有關。而中華傳統文化中把酒和遊戲
二者結合為一，從而形成了酒令。

一、酒令發展淵源

　　中國酒令歷史悠久，名目極其繁雜，歷代記載、論述酒令的筆記小說以
及歷代詩人墨客描寫酒令的詩、詞、曲都很浩繁，如做詳考，必須檢閱、摘
抄大量古籍，是一門做學問的課題。這裡僅做概述。

　　酒令，與悠久的酒文化有關。中華文化有著悠久的酒史，又有著悠久的
遊戲史，把酒和遊戲二者結合為一，從而形成了酒令。古人乾脆把它稱之為
「酒戲」，即飲酒的遊戲。

　　早在春秋戰國時代，當時的飲酒風俗和酒禮，就有所謂的「當筵歌詩」，
「即席作歌」。從射禮轉化而成的投壺遊戲，實際上就是一種酒令。由此形成
的「投壺令」，一直延續到明清時代。

　　秦漢之間，承前遺風，文人們在席聞聯句，名之曰「即席唱和」，用之日
久，作為遊戲的酒令也就產生了。

　　「酒令」一詞，最早見於《後漢書‧賈逵傳》:「（賈逵）嘗作詩，頌、誄、
連珠、酒令凡九篇。」這裡說到的酒令，當是行令的令辭。

　　西漢時，為了使酒令行得順利，嚴明賞罰，行令時已有「監酒」之設。
《史記》中記載:「呂后嘗大宴群臣，命劉章為監酒令。」這裡流傳著一則故事:

劉章請以軍令行酒令。席間，呂氏族人有逃席者，被劉章揮劍斬首。這就是後人常說的「酒令如軍令」的來歷。

三國以後，有一種飲酒風俗叫做「流觴曲水」，王羲之的〈蘭亭集序〉便是記一次三月初，於溪邊流觴聚會的情況，後又稱「流杯曲水」、「浮波流泉」。以致後人根據此種飲酒風俗創造了拈字流觴諸令，如「花字流觴」、「月字流觴」等等。

酒令成俗盛於唐代的士大夫間。在唐代詩文中酒令頻繁出現。飲酒行令在士大夫中特別風行，他們還常常賦詩撰文予以讚頌。唐代的酒令名目已經十分繁多，如有曆日令、翟頭令、瞻相令、巢雲令、手勢令、旗幡令、拆字令、不語令、急口令、四字令、言小字令、雅令、招手令、骰子令、鞍馬令、拋打令等等，這些酒令匯總了社會上流行的許多遊戲方式，這些遊戲方式為酒令增添了很多的娛樂色彩。

唐代以後，酒令遊戲仍然盛行不衰，其名目也越來越多。這些酒令中有很大一部分是用猜的，它們或猜詩，或猜物，或猜拳。

總之，它們都是以猜測某些東西的方式來決定勝負，然後進行賞賜或罰酒。如王定保《唐摭言》載：「趙公令狐綯鎮維揚。（張）祐常預狎宴。公因熟視祐，改令曰：『上水船，風太急。帆下人，須好立。』祐答曰：『上水船，船底破。好看客，莫倚柁。』」這是一種詩文類的行令方式。前人念一句酒令詩後，後人必須以相同的格式應對，否則便算輸，必須罰酒。

猜物類的酒令也叫做「猜枚」，玩時由行令的人拳中藏握一些小件物品，如棋子、瓜子、錢幣、乾果等等，供人猜測。有猜單雙，猜顏色，猜數目等多種猜法，猜中者為勝，猜不中者為負，負者要罰酒。

後漢賈逵並撰寫《酒令》一書。宋代不但沿襲了酒令習俗，而且還豐富了酒令文化。單就記載介紹各種酒令的書就有《酒令叢鈔》、《酒杜芻言》、《醉

鄉律令》、《嘉賓心令》、《小酒令》、《安雅堂酒令》、《西廂酒令》、《飲中八仙令》等。

　　酒令發展到了明清兩代，進入了高峰。酒令的種類名目，可謂是五花八門，琳琅滿目。凡舉世間事物人物、花木蟲禽、曲牌詞牌、戲劇小說、月令節令、中藥、八卦等等都可入令。甚至於美女的鞋子（稱為「鞋盅」「鞋壞」等）亦可成酒令（有「鞋杯令」）。

　　「今人飲酒，不醉不歡，古人皆然，唯醉必由於勸酒。古人習以冠帶勸酒，勸而不從，飲不盡興，自生佐飲助興之趣。」所謂「酒令」，即由此而生，沿習成俗，並流傳至今。

二、划拳

　　划拳又叫豁拳、猜枚、猜拳，即飲酒時兩人同時伸出手指並各說一個數，誰說的數目跟雙方所伸手指的總數相符，誰就算贏，輸的人喝酒。此乃古傳至今仍時尚流行的飲酒遊戲，它能增添酒興，烘托喜慶，是一種民間廣為流傳的酒令。其技巧性頗強，給玩者留有神機鬥智的餘地，且因玩時須喊叫，易讓人興奮，極富競爭性。

　　划拳，起源於巴人船工（巴人即現在的重慶人）。巴人自來有好鬥，善戰的風格，當時的船工也一樣有舞棒弄武的愛好，由於在船上受空間的影響，他們就以喊船工號子的方式進行相互的互動，就像現在人們下盲棋一樣的娛樂方式，划一次漿，喊一個招式，直到對方認輸，再由勝方開始出招。故稱之為划拳。

　　後來引用在喝酒上，作為一種感情交流的酒文化，一直流傳至今。

1、基本方法

　　兩人同時伸出一隻手，用握起的拳頭和伸出一到五個手指，表示從零到五這幾個數字，與此同時，嘴裡喊出從零到十的數字，如果兩人伸出的手指表示的數字相加與其中一個人嘴裡喊出的數字相同，那麼這個人就算贏了這一拳。舉例說明：比如一個人伸出了三個手指，另一個人伸出了四個手指，一個人喊了七，另一個喊了六，那麼這個人喊七的人就贏了；如一個人伸出握緊的拳頭（表示零），嘴裡喊出了三，而另一個恰好伸出了三個手指但嘴裡喊的七，那麼喊三的就贏了。當然，如果自己喊的是八，而自己僅伸出了一個手指，那麼對方即使伸出五指也不可能湊成八，這種拳就叫臭拳，如果不是事先約定，是要罰酒的。

　　出拳手式：伸大拇指表示一，同時伸大拇指和中指表示二（很多地方嚴禁用大拇指和食指表示二），同時伸大拇指，食指，中指表示三，同時伸大拇指，中指，無名指，小拇指表示四，全部伸出表示五。

　　划拳時，伸指喊數的範圍為一至十，並附之以吉利語句。划拳時口所喊字數，因地域不同而不同。如：

　　一字叫：「一條龍、一錠金、一點點、一夫當關」；

　　二字叫：「哥倆好，並蒂蓮，兩家好，雙喜臨門」；

　　三字叫：「三星照、三羊開泰、三元及第、三結義」；

　　四字叫：「四喜財、四季發財、四季如意」；

　　五字叫：「五魁首、五花驄、五紀魁」；

　　六字叫：「六六六、六六順」；（《左傳》上說：君義、臣行、父慈、子孝、兄愛、弟敬，謂之六順也。）

　　七字叫：「七個巧、七仙女、七夕、七子團圓、七巧巧」；

　　八字叫：「八匹馬、八大仙、八大壽」；

九字叫：「九連環、九重天、九馬快、快升官、九龍盤柱」；

十字叫：「滿堂紅、全來了、闔家歡、十全十美」等等。

2、常見類型

常見的是「兩人對猜」。這一酒令兩人進行，同時出拳伸指喊數，喊中兩人伸指和者勝，負者罰酒。

此外還有「擺擂臺令」，即某人坐莊，別人打擂，席間其人與其對決，勝者成擂主，敗者罰酒。還有「打通關」，即一人坐莊，與席間每個人一一較量，輸者罰酒。還有拍七令，也即「明七暗七」，是全桌人依次數數至四十九（也可數更多），每碰到七（七，十七，二十七…）須拍桌一下，每暗七，也就是七的倍數（如十四，二十一，二十八…）也須拍桌一次，誤拍者或說錯者罰酒一杯。

老虎杠子：以棒子、老虎、雞、蟲為令，一物降一物，看誰說的令降住誰，被降者為輸者，罰酒一杯，順序為棒子＞老虎＞雞＞蟲＞棒子。

其他還有猜單雙、猜有無等，這都是些簡易的酒令。

划拳禁忌：

划拳還有許多禁忌也是必須注意的。

一是在手型上的禁忌。在伸出兩個手指表示二這個數字時，不能用大拇指與食指來表示，只能用大拇指和中指來表示。這是因為，用大拇指與食指類似用手槍指向對方，屬於大不敬。

二是地區型禁忌。在中國濟南喝酒時划拳禁喊「五魁首」。據老人們說，一個叫「五魁」的流氓頭頭被槍斃了，從那以後，凡是濟南人喝酒划拳時就不再喊「五魁首」，是不願為一個惡貫滿盈的罪犯張目的意思。在濟南喝酒，所有划拳的人全都遵守這個禁忌，無一例外，即使到了外地也不願破了自己

家鄉的規矩，划拳時仍是不喊「五魁首」。

這些禁忌在不同的風俗中有不同的規定，一般出二這個數字上有眾多禁忌，伸出食指和中指的不會常見。也有些地方要求出一到五的數時，要求都有拇指在內等等。

三、口頭文字類

這一類酒令沒有其他行令工具，而只以口頭吟詩、作對、唱曲（現代可唱 KTV）、猜謎等行令，故名。它發端甚早，春秋時代的「當筵歌詩」、「投壺賦詩」、「即席作歌」，已開後代此令的先河。明清以後，這類酒令發展較快，各種名目層出不窮。清代佚名《新刻時尚華筵趣禾談笑酒令》、張潮《下酒物》，均是此類酒令的專著。口頭文字類主要有以下類別，現分述如下：

1、賦詩

飲酒賦詩，由來已久。晉人石崇金谷園宴客，是當筵賦詩，不成則罰酒三杯。王羲之等人曲水流觴，飲酒賦詩，更是文壇美談。到唐代李太白桃李園宴弟飲酒賦詩後，此風已頗為盛行了。行令作詩，常見的是每人作一首詩，作不出者罰酒。這種形式的酒令多有所見。也有時不是一人作一首詩，而是每人聯詩兩句，似乎作對子。也有每人聯一句，湊成一首詩的，接不上則罰酒。

2、對句

酒席筵前行令也常常採取聯對形式。行令聯對常見的形式是一人出上聯，另一人對下聯，對不出則飲罰酒。還有一種形式是限定題目，每人作一副對聯，作不出者罰飲酒。

3、續句

續句指的是出令者限定一種類似造句的行令題目，由每人隨口編造詞句，即興拼接，湊合而生新意，聯續以成文章，構成行酒令語言。這種語言形式的酒令，在民間流傳的故事中也常見，一般酒令語言無引用之處，純粹是憑心目中已有的概念、語言及當時耳聞目睹的東西，隨口編造的。儘管如此，編說出來，也頗有意趣。

4、引用

歷史上遺留下來很多經典、詩詞、散文，成為後世寶貴的精神財富。古代人們從小讀書講究背誦，養成特殊的記憶力，四書五經、唐詩、宋詞、元曲、李杜詩、蘇辛詞、韓柳文，多背之爛熟，口頭行酒令往往隨口引用其中的一些句段，形成酒令語言。

5、析字

析字也可以叫釋字，是透過對字的分析解釋，引申出某種道理和內容，構成行令語言。這種析字令語讀來十分含蓄有趣。這種語言形式的行酒令，還見一種情況是，從詩文中選出一句，進行別解分析，翻出新意，構成令詞。

6、拆字和合字

拆字和合字酒令形式上與析字酒令相像，區別在於析字是透過對字的分析解釋，引申出其他某種道理或意思，構成酒令語言，而拆字和合字酒令則只是透過把一個字拆成幾個字，或者把幾個字合成一個字，構成酒令語言，其字面也有某種意思，但無引申之意。

7、限字

限字酒令就是出令者限定令語的開頭、結尾或中間必須是，或者必須有某個字的一種語言形式的酒令。這種語言形式的酒令，其令語經過個別文字的限制，所說出來的，又多是另一種語言形式，如作詩、聯對和引用古詩、古文等。

8、字旁

就是利用漢字具有偏旁部首的結構特點，選擇個別字，開闢思路，確立話題，巧妙編造語句，構成行令語言。

9、諧音

諧音就是在行語言文字形式的酒令時，利用漢字的一字多音和多字一音及字音相近等特點，在酒令語言字面上表達一種意思，又隱含一種意思，使令語說來隱晦含蓄。

10、陳述典故

行酒令作為一種口頭文學，常常用到典故和掌故。一般多是在行射覆、拇戰、猜枚、擲骰子、擊鼓傳花等酒令輸了後，罰說一個古代笑話、人物掌故和文學典故，以佐興助酒。

11、列說俗語和諺語

民間諺語和俗語非常豐富，口頭說令常常引用舉說一些，構成令詞。

四、骰子類

骰子，有的地方叫色子，是一種遊戲用具。骰子類的酒令以骰子為行令

工具，故名。此令為唐代酒令中比較普遍的一種，常見於唐代詩人的詩句中。張祐、杜牧〈骰子賭酒〉聯句：「骰子逡巡裏手拈，無因得見玉纖纖。」元稹〈贈崔元儒〉詩：「今日頭盤三兩擲，翠娥潛笑白髭鬚。」即是描寫擲骰賭酒的情景。

骰子類酒令在明清兩代得到極大的發展，人們依據骰子六面采點的象徵，編製了大量的酒令。小型酒令層出不窮，大型酒令用多枚骰子排列組合至二百餘采，如「繪芳園酒令」，甚至終席不能行畢一令。還有將骰子與其他遊具結合，形成一種綜合性的骰子令，如「月夜鐘聲圖令」等。

搶紅令，也是屬於骰子類的酒令，工具是六枚骰子。這一種酒令不拘人數，不需要有什麼文學涵養，即使文盲也可以參加的飲酒遊戲。它的行令方法是：

不論人數，用六枚骰子擲，每人擲一次，每次若得「紅四」，則取出，直至六枚「紅四」取完為止。每擲一次無「紅四」者，罰酒一杯。

假日或親朋好友間聚會的宴席上，酒到興濃時，不妨可以玩一下這種搶紅的酒令，能使大家掀起哄笑呼喊的喝酒高潮。

五、牌類

牌類的酒令，起初是紙牌，被稱為「葉子」，也叫「葉子酒牌」。這類葉子牌，唐時作酒令牌時亦稱作「彩箋」（崔群：「杯停新令舉，詩動彩箋忙」）。明清時叫「馬吊」，也有用銅鑄成銅錢形，上刻王母，琴仙、詩仙等人物形象，背面刻鑄五言絕詩一首（《酒令大觀》中有一套八枚的圖，可惜無法翻拍）。大概至明清時，牌類酒令的牌具用上了骨牌。後經演變、流傳，沿用至今，多以紙牌出現。流行在各大小酒局之上，為酒局助興。

第三編　敬酒辭與酒桌上「潛規則」遊戲

第三章　經典酒桌遊戲大全

酒桌遊戲是在宴席進行到一定程度時，為了助興而玩的一些小遊戲，包括：划拳、扔骰子，玩紙牌等。

一、划拳類

1、人在江湖漂啊

兩人同聲喊：人在江湖漂，誰能不挨刀，我幾刀砍死你？同時報數，湊數得之。三句話，鮮血淋漓，江湖險惡，可窺一斑。

2、壓指

指頭之間排列順序的遊戲。將手掌攤開，大拇指向上，依高低位置秩序按下去，小拇指按大拇指，形成循環；出手時，兩人同喊：「哥倆好，管上！」

禮尚往來，哥倆好是必定要喊的；之後，就是互相的壓制了，管上二字，發音要清脆有力，要帶點狠，最初的惡性競爭意識得以顯現。

3、點將

人數：多人遊戲，即三個人以上到無限，多多益善，就怕人少。規則：圓桌坐定，按一四七、二五八、三六九間隔劃分三個陣營，一聲令下，集體用手比出數字，屬出來後除除上人數，求得餘數，看餘數是幾，若是自己代表的三個數之一，那就廢話少說為妙，此「酒可責眾」矣。

評點：眾人出手，七手八腳，控無可控，輸贏無謂，純就求一個熱鬧！如果贏了一起鬧，如果輸了一起喝，倒有點山寨過冬的感覺。別說別的，光數數手指頭就挺過癮的。

4、兩隻小蜜蜂

念詞：兩隻小蜜蜂呀，飛在花叢中呀，飛呀……

動作：兩人面對面，一，兩手作蘭花指狀展開雙臂上下飛舞；二，兩手換掌狀於胸前交叉飛舞；三，出手剪刀石頭布；四，贏者伸手作自賞巴掌狀，口念「啪啪」；輸者和聲「啊啊」；不輸不贏則同時努嘴作「啾啾」親嘴狀。

勝負：看反應速度，負者罰一節目。

5、洗刷刷

雙方同時喊「房間不乾淨啊，就要洗刷刷」接著同時出拳，基本動作是比一個手指到五個手指，五大過四，四大過三，三大過二，二大過一，而一又大過五。還有，一邊出拳一邊嘴裡還要念念有詞：「洗刷刷啊洗刷刷，洗刷刷啊洗刷刷。」直到一方輸掉。

6、五、十、十五、二十

雙方都出兩隻手，同時開喊，可以喊的數字是五、十、十五、二十和沒有（五代表一隻手張開，以此類推。沒有則雙手握緊）。若甲方喊十五，兩人出手的手指加起來剛好是十五，甲方若喊中，繼續再喊，若再喊中，乙方就輸了，若沒喊中，就換乙方喊，一方都需要連續兩次喊中才算贏。若嫌麻煩，也可以一次喊中就定輸贏。

二、語言類

1、我愛你 VS 不要臉

聽上去有些「曖昧」，實際上是個練反應的好遊戲。

規則：眾人圍坐成一圈，規定只能對自己左邊的人說「我愛你」，對右邊的人說「不要臉」。兩人之間只能連續對話三次。一旦有人說錯，即受罰。

亮點：當遊戲達到一定速度時，反應跟不上的人，往往會出現「我……不要臉」或「不……我愛你」之類的經典「自白」。

2、蘿蔔蹲

將參與者分成四組以上，每組人手牽著手圍成一圈，給每組人以顏色或數字命名，任意指定一組蘿蔔開始統一下蹲，同時還要念詞，再指定別的蘿蔔堆做同樣動作，目標要一致，依此類推但不能馬上回指。

以一實例加以說明。有紅、白、黃、紫四堆蘿蔔，白蘿蔔先蹲，蹲的時候念「白蘿蔔蹲，白蘿蔔蹲，白蘿蔔蹲完紅蘿蔔蹲。」念完後所有白蘿蔔手指一致指向紅蘿蔔堆。紅蘿蔔們馬上要開始蹲且口中一樣要念念有詞，之後他們可以再指定下一個但不能是白蘿蔔。

3、一隻青蛙

參與者圍成一圈，面朝中央。主持人念「一」，順時針下一位念「只」，再「青」再「蛙」再「跳」再「進」再「水」再「中」再「撲通」；接著「兩隻青蛙跳進水中撲通撲通」……依此類推，跟不上節奏或出錯者罰節目。

4、數 7

古老的遊戲！不過，既然舊瓶能裝新酒，老遊戲也能翻出新花樣！回顧

一下老遊戲的規則：首先人要多一點，五人以上。任意一人開始數數，一，二，三，…那樣數下去，逢到七的倍數（七，十四，二十一，…）和含有七的數字（十七，二十七，…）必須以敲桌子代替。如果有誰逢七卻數出來了，就輸，有誰沒逢七就敲桌子的，也輸。奉勸沒有數字觀念的人不要玩這個，很容易輸的。

再看一下新花樣：開頭是一樣的，但是，數到逢七的數字後，要倒回去數！比如，原來是順時針數的，輪到甲是七，他敲一下桌子，照理坐在他左邊的乙應該接下來數八，不是！現在要變成逆時針，由坐在他右邊的丙數八！這樣轉來轉去，我向你保證，轉不了三次方向大家就迷糊啦！

還有一點要說明：只有第一回是從一開始數的。接下來誰輸了喝酒之後，由他開始數，可以不必從一開始，而是以小於十的任意數字開始。

試試看從六開始數……

5、鳳凰飛

大家坐成一圈，圈中的每個人有一個數字代號。從一開始，順／逆時針都可以。比如有十二個人玩遊戲。就有一號鳳凰，他的左邊是二號鳳凰，二號鳳凰的左邊是三號鳳凰……一直到十二號鳳凰的左邊是一號鳳凰。

這時一個人可以任意叫幾號鳳凰飛，比如：一號說五號鳳凰飛，聽到叫喊後代表五號鳳凰的人「兩手放在左右的人的肩上，同時伸縮頭。左邊的人上下擺動左手作飛的樣子。右邊的人上下飛動右手作飛的樣子」五號在作動作時一邊做一邊叫「五號鳳凰飛，五號鳳凰飛，五號鳳凰飛完 X 號鳳凰飛。」這時 X 號鳳凰就開始伸縮頭和叫「X 號鳳凰飛，X 號鳳凰飛，X 號鳳凰飛完 X 號鳳凰飛。」他左右邊的人同時出左右手配合活動……沒有及時接下去的就表演。

懲罰表演有如下幾種：

(1)　卡通跳。分為男式和女式，相同的都是跳起時大腿和膝蓋要併攏，小腿要分開，就像漫畫中的姿勢。不同在於：男式向上跳起時左右腳前後分開，雙手自然前後擺，同時嘴裡要發出「呦吼」的聲音；女式向上跳起時左右小腿要向兩旁分開，雙手食指和中指在胸前做「V」的姿勢，同時嘴裡要發出「耶」的聲音。

(2)　屁股寫字。顧名思義，就是用屁股寫字。雙手放在腰上，然後扭動臀部，就像用手在空中比劃一樣把字寫出來，一邊扭，一邊要把寫的筆劃說出來。

6、虎棒雞蟲令

分別有四種動物，老虎、棒子、雞、蟲，一物克一物，兩人相對，各用一根筷子相擊，同時口喊「棒子棒子……」或喊老虎，或喊棒子，或喊雞，或喊蟲。規定：以棒擊虎，虎吃雞，雞吃蟲，蟲吃棒；負者飲酒，若棒子與雞，虎與蟲同時喊出，則不分勝負。（注：此遊戲適合兩個人玩，因為出口很快，老虎，棒子，雞，蟲都是脫口出的，所以玩起來速度很快！）

三、骰子類

骰子俗稱骰子，也做「骰盅」。骰子是一種用途極為廣泛的遊戲工具，不但絕大部分的遊戲離不開它，用它為行令用具的酒令也為數甚多，玩「骰子」從唐代已有，一直流傳至今，在現在很多遊戲也大行其道。玩骰子的特點就是比較簡單，無須費力，不必動腦，很適合一般人。

1、猜大小

六粒骰子一起玩，搖骰然後猜骰盒中骰子的大小數目，十五點為半數，

過半則大，未過半則小。猜錯則飲。

2、五粒骰子，搖色

莊家首先隨意說出三個數字（一到六其中的三個），此時任何人連莊家在內都不能看自己骰盒裡的骰子數目，然後大家同時掀開，如果有跟上述三個數字相同的骰子則要移開，再搖骰，到下一家作莊家，依此類推，最先清空的則輸。

3、七、八、九

兩粒骰子，一個骰盒，兩人以上可玩，輪流搖骰，每人搖一次則立即開骰，如果尾數是七的則加酒，尾數是八的則喝一半，尾數是九的則要喝全杯，其他數目則過。輪流一人搖一次，可能你只能加酒卻不會受罰喝酒，但也有可能你每次都要拚命地喝酒，那就要看你的運氣了。

4、大話骰（古惑骰）

兩個以上人玩，每人五個骰子。每人各搖一次，然後自己看自己盒內的點數，由莊家開始，叫自己骰盒裡有多少的點數（一般都叫成兩個三，兩個六，三個二之類的）然後對方猜信不信，對方信的話就下家重來，不對的話就開盒驗證，以合計其他色盒的數目為准。要是屬實的話就莊家贏，猜者輸要罰酒，不屬實的話就猜者贏莊家輸，罰酒。

注意：

(1)　叫數只能越叫越大（如：兩個六，三個二，喊了兩個六後就不能再喊兩個三之類的）。

(2)　一點可以作為任何數，例如骰盒內只有三個兩點，一個一點，莊家其實自己就可當做有四個二點。

(3)　可是要是莊家叫過一點的話，那一點以後就不可以當任何數了
（如：兩個一，四個一之類的）。

另外還有圍骰，如莊家骰盒裡全部都是四點，那莊家可以允許加上一個
虛擬的四點，即被認為是六個四點。

5、三公

三粒骰子，各人搖骰，同時開，三顆骰子相加尾數大者為勝，其中以三
粒都是三最大。

6、二十一點

每人首先拿一粒骰子一個骰盒，搖骰後自己看底骰是多少點，然後由莊
家搖骰發點，湊夠二十一點，越接近二十一點的為勝，相去甚遠者為輸，罰
酒。（這一類玩法是從撲克玩法中引申過來的。）\

7、牛牛

每人五粒骰子，搖骰，然後開骰盒，其中三顆湊成十個點數為一牛，然
後剩下的兩粒總數大為勝，二十點為兩牛，兩牛即牛牛最大。

四、肢體類

適合一群朋友一起來玩。

1、傳牙籤

參與遊戲者每人抽一張撲克牌，然後相繼按撲克牌的順序坐好，持最小
（或最大）的那張撲克牌的人為先頭，用嘴銜住那根牙籤，依次傳到下一個人
的嘴裡，不許掉哦！注意不能借用手或任何工具幫忙，如果掉了，那自然要

受到懲罰囉！傳完一圈後，遊戲未完。將牙籤折一半，繼續抽撲克牌，按新的順序坐好，接著下一輪的傳遞……繼續折一半……再折……越來越刺激。

2、吸心大法

找張紙片用嘴吸住，傳給旁邊的人，他再吸過去，依次傳下去，誰掉了就喝酒。（記住：這種遊戲不太衛生，還是少玩為好！）

3、幸運大白鯊

幸運大白鯊的構造非常簡單，但玩起來卻趣味無窮。方法是將大白鯊的嘴打開，然後按牠的下排牙齒，這些牙齒中只有一顆會牽動鯊魚嘴，使其合上，如果您按到這一顆，鯊魚嘴會突然合上，咬住您的手指。當然，鯊魚牙是軟塑膠做的，不會「咬」痛您的。您可以在酒桌上把牠作為賭運氣的酒具，幾個人輪流按動，如果被鯊魚咬到則罰酒。

4、大冒險

根據遊戲參與者人數的多少，製作對應的多少個數字，如八個人，則製作從一到八這幾個數字，然後讓參與者每人抽取一個數字，可以用紙牌代替，注意不要讓其他人看到你的數字。由莊家指定拿到哪一個數字的人，來表演一個節目。節目一定要有趣，譬如要選中者到隔壁酒桌上要一杯酒，或者到舞臺上向全場女士說「我愛妳們！」，總之指定的節目越荒唐越刺激越好。下一輪，由表演節目的人來做莊家，繼續抽牌。

5、真心話

規則和大冒險幾乎相同，不同的是莊家指定的不是節目，而是要被選中的人回答一個問題。顧名思義，答案必須是真實的。當然，問題越刁鑽越隱

祕越有趣，但是要注意不要侵犯人家隱私喲。

6、大瞎話

由一人蒙上眼睛扮「瞎子」，坐在「瞎子」左側的人開始不斷的指在座的每一個人。當他指向其中的人和一個人，就問「瞎子」這個行不行？「瞎子」如果說不行，就繼續指下一個人。直到「瞎子」同意的時候，被指的那個人就是被遊戲選中的人。「瞎子」摘下眼罩，根據每個人的表情來猜測誰被選中了，而參與的人不能告訴瞎子。當然，被選中的也可能是「瞎子」自己。瞎子要出一個題目或者指定一個節目，要被選定的人去完成。和大冒險一樣，節目越荒唐越刺激越好。

下一輪，由上一輪被選定的人來做瞎子。

五、牌類遊戲

1、大小誰吃

人數：三人以上，人數不限，人多更有趣。

規則：先倒滿一杯酒，莊家發牌，給每人發一張牌，每個人收到牌後，不能看自己的牌，收到牌後都把牌貼在額頭上，然後由發牌方說「最大的喝酒」或者「最小的喝酒」，下一個人如果同意就通過，不同意就喝半杯，然後把酒倒滿再另外抽一張牌，同時可以改變指令說「最大的喝酒」或者「最小的喝酒」，直到轉完一圈大家都同意了，然後大家一起把牌亮出來比，被喊中（最大或最小）那個人喝完一整杯。喝酒者下一輪轉為莊家，開始第二輪。

評點：莊家就是老大，老大的意見，若 PASS 就甘心承擔後果，若反對，則先冒喝半杯的險，而且後面的一杯，還未必得免，反對不是那麼容易的事。這個遊戲，還有點公司開會表決的意思。

2、殺人遊戲

參加人數以十到二十人較好，最佳人數十二到十六人，另設法官一名。

道具：和人數相等的撲克牌，也可以以名片代替。

角色：警察、殺手、平民、法官。

勝負：警察找出隱藏的殺手 —— 警察贏；殺手殺光警察 —— 殺手勝。

拿出十九張牌，指定抓到四張 A 的人就是殺手（四個人）指定抓到四張 K 的人就是警察（四個人）。

其餘抓到別的牌的人就是平民（十一個人），另外有一名法官。

遊戲開始：

由法官發一張牌給大家，每個人記住自己的牌。這時，法官宣布：「天黑了，請大家都閉上眼睛。」

接著，法官宣布：「殺手們，請睜開眼睛。」

抓到四張 A 的「殺手」悄悄地抬起頭，睜開眼睛認清同夥。

法官接著宣布：「請殺手們達成共識殺掉一個人。」四個殺手這時只能用眼睛互相做交流、溝通（記得注意不要弄出聲響），共同指定一個人，殺掉他。

然後，法官宣布：「殺手閉上眼睛，請警察們睜開眼睛。」抓到四張 K 的「警察」悄悄抬起頭睜開眼睛認清伙伴。

法官接著宣布：「請警察達成共識，指出一個可能是殺手的人。」

四個警察這時只能用眼睛互相做交流、溝通（記得注意不要弄出聲響），共同指定一個人，並以詢問的眼光看著法官。

法官這時以點頭或是搖頭的方式給予一次提示。接著，法官宣布：「請警察們閉上眼睛。」、「天亮了，大家都可以睜開眼睛了。」

等大家睜開眼睛後，法官宣布殺手們殺死的那個人出局。

　　然後，大家展開討論，平民、殺手、警察隨意發言，討論誰有可能是殺手。

　　警察們也可以引導平民，一起幫自己指證殺手。

　　殺手們可以誤導平民，一起幫自己指證警察是殺手。

　　平民們也可以根據自己推理，指正殺手。經過討論（限定三到四分鐘），最後大家分別舉手表決指正誰就是殺手，那個人即出局（不管他是殺手、警察還是平民）。

　　然後，法官宣布剩下的人重新閉上眼睛……同上。

　　直到一方全軍覆沒，遊戲結束。

　　遊戲的訣竅：

　　(1) 一定要仔細思考每個人發言的邏輯性。

　　(2) 找出發言者的偏袒性。

　　(3) 錯誤的誘導對方的判斷性。

　　(4) 拉攏自己的支持者。

3、十點半

　　人數：三人以上

　　玩法：

　　(1) 先拿牌者拿三張，其餘每人拿兩張。

　　(2) 先拿牌者把手中認為最沒用的一張牌傳給下一家，下一家再把手中認為最沒用的一張牌傳給下一家。傳一圈後（先拿牌者的上一位），最後一位丟掉一張牌。這時每人手裡都是兩張牌。

　　勝負規定：以十點半的規定方法為基準。

　　另：十點半底酒翻倍。

第三編　敬酒辭與酒桌上「潛規則」遊戲

第四章 　詼諧酒辭集錦

詼諧酒桌辭令只適合關係良好者聚會時調節氣氛使用，在莊重場合萬萬不可用，以免顯得粗俗、膚淺。

一、詼諧敬酒辭

勸君更進一杯酒，走遍天下皆朋友；

高山流水覓知音，我與大哥心連心；

小荷才露尖尖角，今天喝酒大敬小；

千里有緣來相會，能喝不喝就不對；

酒肉穿腸過，朋友心中留；

酒逢知己千杯少，能喝多少喝多少；

結識新朋友，不忘老朋友；

相聚都是知心友，敞開喝杯舒心酒；

酒逢知己飲，詩向貴人吟；

女有貌，男有才，杯對杯，一起來；

百川東到海，何時再乾杯，現在不喝酒，將來徒傷悲；

酒裡乾坤大，壺中日月長；

酒是米做，不喝不行；

酒是精神糧，越喝越有力；

客人喝酒就得醉，要不主人多慚愧；

一條大河波浪寬，端起這杯我們就乾。

二、詼諧拒酒辭

君子之交淡如水；

我為大家唱支歌，唱完不好再說喝；

只要心裡有，茶水也是酒；

只要感情有，喝啥都是酒；

萬水千山總是情，少喝一杯行不行；

來時夫人有交代，少喝酒來多吃菜；

酒量不高怕丟醜，自我約束不喝酒；

危難之處顯身手，兄弟（妹妹）替哥喝杯酒；

危難之處顯身手，該出手時就出手，兄弟我替他（她）喝個酒；

只要感情到位，不喝也陶醉；

我笑人世多癲狂，縱酒無度好囂張；

千杯散盡一笑過，莫道春風也斷腸；

席間餚暖酒正酣，欲言又止意闌珊。

諸君相勸頻搖手，不以深淺論情歡。

三、詼諧勸酒辭

東風吹，戰鼓擂，今天喝酒誰怕誰！

人在江湖走，哪能不喝酒；

天上無雲地下旱，剛才那杯不能算。

一碰二喝老規矩，好事成雙兩相願；

美酒倒進白瓷杯，酒到面前你莫推，酒雖不好人情釀，遠來朋友飲一杯；

路見不平一聲吼，你不喝酒誰喝酒；

若要人不知，除非你乾杯；

感情鐵不鐵？鐵！那就不怕胃出血！

感情深不深？深！那就不怕點滴針！

感情深，一口吞；

感情淺，舔一舔；

感情厚，喝不夠；

感情薄，喝不著；

感情鐵，喝出血。

寧可胃上爛個洞，不叫感情裂條縫。

相聚都是知心友，我先喝口舒心酒。

（友情提示：話雖如此，在實際中千萬別傷了自己的身體！）

第四編
名人、名酒的那些風流軼事

第一章　古今十大名酒由來之說

　　釀酒歷史悠久，在長期的發展過程中釀造出許多被譽為「神品」、「瓊漿」的酒類珍品。享譽海內外的古今名酒便有：陝西杜康、山西汾酒、安徽古井貢酒、浙江紹興酒、江蘇洋河大麴、四川劍南春、陝西西鳳酒、瀘州老窖特麴酒、貴州茅台、貴州董酒。

一、陝西杜康：享有仙酒之美譽

　　歷史名酒 ——「杜康」，是珍貴的歷史文化遺產。傳聞其因杜康始造而得名，有「貢酒」、「仙酒」之譽。

　　歷代墨客文人與它結下不解之緣，常以詩詠酒，以酒釀詩，詩增酒意，酒助詩興，觥籌交錯。三國時期，魏武帝曹操一首「慨當以慷，憂思難忘，何以解憂，唯有杜康」成為千古絕唱。杜康酒屬濃香型，以優質小麥製，又精選糯高粱為釀酒原料，並採取香泥封窖、低溫入池、長期發酵、混蒸續槽、量質摘酒、分級儲存、陳釀酯化、精心勾兌等先進工藝。

　　一九七二年，產杜康最知名的杜康酒廠在原小作坊式經營的基礎上，開始修建初具規模的現代化白酒生產線。自一九八七年開始，洛陽每年舉辦「杜康酒節」。

　　近年，有酒廠投資一千五百多萬，修復重建杜康祠、香醇園、杜康墓園、杜康酒家、酒泉亭、二仙橋、葫蘆湖、知恩亭、古釀齋、七賢遺址、魏

武居、飲中八仙殿等二十多個景點，並開辦酒類博物館，使杜康仙莊大放異彩，成為酒文化旅遊聖地。

如今「白水杜康」已經成為知名的白酒生產企業，在中國是前五百家最大飲料釀造生產企業之一。建廠以來，曾先後獲得國際一百多項大獎和榮譽稱號。其所生產的「杜康牌」系列白酒遠銷到世界各地。

二、山西汾酒：誰人不知杏花村，汾酒名牌天下聞

杏花村汾酒不僅是第一文化名酒，而且是名酒之始祖，閃耀著中華文化的光輝，猶如一顆閃亮的啟明星！

杏花村汾酒以悠久的歷史文化馳名，更以精湛的品質和獨特的風格奪魁，杏花村汾酒魅力四射：著名生物學家、白酒專家在杏花村汾酒的原產地杏花村多次考察和實驗，得出構成汾酒獨特風格的關鍵所在，在於杏花村地區的綠色釀酒生態，它的空氣和土壤中含有多種極有利於汾酒微生物生長的成分，經過一千多年的選擇、淘汰、強化、繁衍，上百種微生物在這裡「安家落戶」，形成一個偷不走、搬不掉的，唯一適合汾酒生產中微生物生長的，獨特「汾酒微生物體系」，這是杏花村汾酒的奧妙之一，也是他們最大的資源財富。

水是酒的血液，麴是酒的骨架。大凡名酒產地，必有佳泉，水質好，自然釀出的酒好。現代科學揭示了杏花村汾酒「古井亭」和一九九一年新打的井深八百四十公尺的「五號井」井水的奧妙：地下水源豐富；水質優良，地層中鍶、鈣、鎂、鋅、碘、鐵、鎂元素含量高，不僅利於釀酒，而且本來就是對人體有益的天然優質礦泉水，對人體有良好的醫療保健作用，這樣的優質水，自然會釀出好汾酒。清代詩人、書法家、醫學家傅山先生曾題詞「得造花香」正是對汾酒和竹葉青酒的高度讚揚。

　　杏花村汾酒用的是當地特產無汙染的優質高粱、大麥、豌豆，如此好原料加上杏花村汾酒人精心釀造「清蒸二次清，固態地缸分離發酵，清字當頭，一清到底」的傳統工藝的典型性，當然會釀出品質超群的杏花村汾酒特色：酒液晶亮、清香幽雅、醇淨柔和、回甜爽口、飲後餘香，盛名遠播。

三、安徽古井貢酒：酒中牡丹

　　古井貢酒，作老八大名酒之一，「古井貢」在白酒界具有舉足輕重的地位。

　　古井貢酒是以淮北平原優質小麥、古井鎮優質地下水以及顆粒飽滿、糯性強的優質高粱為原料，並在亳州市古井鎮特定區域範圍內利用其自然微生物按古井貢酒傳統工藝生產的酒。

　　古井貢酒，據考證始於西元一九六年，曹操將家鄉亳州特產「九醞春酒」及釀造方法進獻給漢獻帝，自此，該酒便成為歷代皇室貢品，古井貢酒由此得名。

　　一千八百多年的酒文化歷史，孕育出古井貢酒濃厚的文化品味和獨特的名酒風範。早在一九六三年古井貢酒便以「色清如水晶，香純如幽蘭，入口甘美醇和，回味經久不息」的獨特風格奪得第二屆白酒金獎，獲得「名酒」稱號，隨後又於一九七九年、一九八四年和一九八九年連續三屆蟬聯金獎，並於一九八八年榮獲第十三屆巴黎國際食品博覽會金獎，被譽為「酒中牡丹」。

四、浙江紹興酒：中華第一味

　　世界上三大古酒 —— 黃酒、啤酒、葡萄酒，唯黃酒源於中國，是中國最古老的酒種，可以說，黃酒是伴隨中華民族悠悠五千年文明歷史發展的，是中華民族的酒。而黃酒中最有名的當數紹興酒，它以選原料上乘，工藝獨

特，酒精濃度低，營養豐富，並具有多種養身健體之功效而稱名於世。一般西方人們所說的中國酒，就是黃酒，就是紹興酒。

紹興酒起源於何時已很難考察，目前只能靠文物考古進行推斷，初步認為位於河姆渡文化和良渚文化中間的紹興，酒的起源應與之同步。其證據是河姆渡文化出土大量的糧食（水稻）和類似酒器的陶器。這樣推測紹興酒應起源於六千年前的河姆渡文化中期。

紹興有酒的文字記載當推《呂氏春秋》和《左傳》。《左傳》相傳為左丘明所作，書中記載有越王為增加國家人口補充兵力和勞力，曾採用過一系列獎勵生育的政策和措施，內中有「生丈夫，二壺酒，一犬；生女子，二壺酒，一豚。」即生兒子，獎勵二壺酒，一條狗；生女兒，獎勵二壺酒，一頭豬。以酒獎勵生育展現兩方面的作用，一作為國君的恩施，使百姓感激國君，聽從國君；二作為對產婦的一種保健用品，幫助催奶和恢復產婦的體力，有利於生育。因此，以黃酒作為產婦的保健用品一直沿用至今。《呂氏春秋》是秦國宰相呂不韋主持編撰的綜合性史書，在〈卷九‧季秋紀第九‧順民〉這一篇中，有「越王苦會稽之恥，欲深得民心……有酒流之江與民同之」的記載。說的是越王勾踐出師伐吳時，越城父老向他獻酒，他把酒倒在河的上流，與將士們迎流共飲，於是士氣大振。由此可見，兩千五百多年前的越人已將酒融入政治經濟活動中。

紹興酒至少有兩千五百多年歷史的說法，就是從以上兩部「春秋」中來的。

紹興酒正式定名始於宋代，並開始大量輸入皇宮。明清時期，是紹興酒發展的第一高峰，不光品種繁多、品質高，而且產量高，確立了黃酒之冠的地位。當時紹興生產的酒就直呼紹興，到了不用加「酒」字的地步。「越酒行天下」，即是當時盛況的最好的寫照。

紹興釀酒，歷史悠久，馳名中外。其品質黃酒之冠，有人稱它為「中華第一味」。

五、江蘇洋河大麴：洋河美人泉，佳釀醉神州

名酒「洋河大麴」產於江蘇省泗陽縣，就是用當地「美人泉」的水釀製而成的。詩人稱讚「洋河美人泉，佳釀醉神州」。

據傳，洋河大麴在唐代就已享盛名，尚可考證的歷史已有四百多年，明末清初已聞名遐邇。當時曾有七十多位來自各地的商人客居於此，競釀美酒，使洋河鎮的釀酒業更加興隆繁盛。據《泗陽縣志》記載，明朝著名詩人鄒輯在〈詠白洋河〉中寫到：「白洋河下春水碧，白洋河中多沽客，春風二月柳條新，卻念行人千里隔，行客年年任往來，居人自在洋河曲。」

清雍正年間，洋河大麴已行銷江淮一帶，頗受歡迎，有「福泉酒海清香美，味占江淮第一家」之譽，並被列為清皇室貢品。清代同治十二年編纂的《徐州府志》載有「洋河大麴酒味美」。又據《中國實業志·江蘇省》說：「江北之白酒，向以產於泗陽之洋河鎮者著名，國人所謂『洋河大麴』者，即此種白酒也。考洋河大麴行銷於大江南北者，已垂二百餘年之歷史，後漸次推展，凡在泗陽城內所產之白酒，亦以洋河大麴名之，今則『洋河』二字，已成為白酒之代名詞矣。」

據記載，清乾隆皇帝第二次南巡時，在宿遷建有行宮，留住七天，品嘗洋河大麴後揮毫留下了「酒味香醇，真佳酒也」的讚語，並指定其為向皇室的貢品。

二十世紀初，洋河大麴的生產有了進一步的發展。一九一五年三義酒坊所釀之洋河酒在美國舊金山巴拿馬賽會上獲銀牌獎，可見流傳數百年的「酒味衝天，飛鳥聞香化鳳；糟粕落地，遊魚得味成龍」這副對聯，對洋河大麴

是最精彩的讚譽。

洋河大麴這一傳統佳品，具有色、香、鮮、濃、醇五種獨特的風格，以其「入口甜、落口綿、酒性軟、尾爽淨、回味香」的特點，聞名中外，蟬聯「名酒」三連冠。

六、四川劍南春：唐時宮廷酒，盛世劍南春

眾所周知，綿竹劍南春、宜賓五糧液和貴州茅台乃中國最為著名的三大白酒品牌，其中文化底蘊最深厚、歷史延綿最悠久首推劍南春，多少年來「唐時宮廷酒，盛世劍南春」盛名遠播。事實上，在四川綿竹，關於劍南春發源的民間傳說和文獻記載頗為豐富，且神祕而傳奇，劍南春的歷史大概遠不止起於「大唐盛世」。

劍南春有確鑿的文獻記載就始於唐朝，而且還被指定為宮廷御酒。唐代武德年間（西元六一八年至六二五年），有了「劍南道燒春」之名，當時的中書舍人李肇在《唐國史補》中記載了聞名大唐的十三種美酒，他寫道：「酒則有……滎陽之土窖春……劍南之燒春。」唐時綿竹隸屬於劍南道，「燒」是指「燒酒」即蒸餾酒，「春」是原指酒後發熱的感受，唐人引之為酒的雅稱，因此「劍南之燒春」指的就是綿竹出產的美酒。唐大曆十四年（西元七七九年），「劍南燒春」被定為皇室專享的貢酒，記於《德宗本紀》。相傳，唐代「詩仙」李白青年時代曾在綿竹「解貂贖酒」痛飲美酒，留下了「解貂贖酒，價重洛陽」的佳話。。

一九五〇年代，劍南人利用得天獨厚的自然條件和獨特的釀酒工藝，生產出了聲譽卓著的名酒劍南春。一九六〇年代，劍南春生產工藝完全成熟。一九七〇年代，劍南春開始出口，遠銷西方。一九八〇年代，現代科技的應用和一系列技術改革，使系列產品實現了全面優質化。從此，劍南春進入黃

金時代。一九九〇年代，劍南春針對市場制定的行銷策略、「科學投放」等措施，使他們在市場競爭中立於不敗之地。

七、陝西西鳳酒：酸、甜、苦、辣、香五味俱全

名酒西鳳酒始於殷商，盛於唐宋，已有三千多年的歷史。

西鳳酒原產於陝西省鳳翔、寶雞、岐山一帶，唯以鳳翔城西柳鎮所生產的酒為最佳，聲譽最高。這裡地域遼闊，土肥物阜，水質甘美，頗具得天獨厚的興農釀酒之地利，是著名的酒鄉。鳳翔位於關中盆地和渭北黃土高原西部；北部為山地丘陵，地形起伏；南部為黃土高原，西北高、東南低。境內有雍水河、橫水河等二十五條河流，均屬渭河水系。

鳳翔古稱雍，為周秦發祥之地，有歷代酒鄉之稱。這裡文化底蘊十分豐厚。仰韶文化遺址有二十多處，龍山文化遺址更多，秦公大墓轟動世界，雍城遺址和蘇東坡任職時興建的東湖園林等名勝古跡名聲顯赫。西周時期已有釀酒，境內出土的大量西周青銅器中有各種酒器，充分說明當時盛行釀酒、儲酒、飲酒等活動。《酒譜》記有：「秦穆公伐晉及河，將勞師，而醪惟一鐘。蹇叔勸之日：『雖一米投之於河而釀也』，於是乃投之於河，三軍皆醉。」這就是淬在雍州「秦穆公投酒於河」的典故。又據《史記》載：秦穆公「亡善馬，歧下野人共得而食之者三百餘人，吏逐得，欲法之。穆公日：『乃皆賜酒而赦之。』三百人者聞秦擊晉，皆求從，從而見穆公窘，亦皆推鋒爭死，以報食馬之德。」由以上史實可見，當時雍州已釀有「醪」和「酒」。唐代肅宗至德二年（西元七五七年），將雍州改稱「鳳翔」，取意周文王時「鳳凰集於歧山，飛鳴過雍」的典故。自唐代以來，鳳翔就素稱「西府鳳翔」。儀鳳年間，吏部侍郎裴行送波斯王子回國途經鳳翔柳林鎮，飲酒後即興賦詩日：「送客亭子頭，蜂醉蝶不舞。三陽開國泰，美哉柳林酒。」據張能臣《酒名記》載，宋

代「鳳翔橐泉」酒已稱著。宋嘉祐七年，蘇軾任鳳翔府判官時作有贊柳林酒的詩文：「花開美酒唱不醉，來看南山冷翠微。」明代也有文人讚譽柳林酒的詩文，蘇浚〈東湖〉詩中有「黃花香泛珍珠酒，華髮榮分汗漫遊」。清代以「鳳酒」著稱，而且在「八百里秦川」的寶雞、歧山、郿縣及鳳翔縣等釀製之燒酒均稱「鳳酒」。

　　西鳳酒無色清亮透明，醇香芬芳，清而不淡，濃而不豔，集清香、濃香之優點融於一體，幽雅、諸味諧調，回味舒暢，風格獨特。被譽為「酸、甜、苦、辣、香五味俱全而各不出頭」，即酸而不澀，苦而不黏，香不刺鼻，辣不嗆喉，飲後回甘、味久而彌芳之妙。屬鳳香型大麴酒，被人們讚為它是「鳳型」白酒的典型代表。適時飲用，有活血驅寒、提神解勞之益。

八、四川瀘州老窖特麴：最古老的四大名酒之一

　　瀘州老窖特麴酒，是濃香型大麴類酒，產於四川瀘州曲酒廠。位於「天府之國」南部的著名酒城——瀘州，依山傍水，氣候溫和，所產老窖特麴、頭麴酒（過去叫瀘州大麴）屬古老的四大名酒之一。瀘州老窖特麴酒，酒液無色晶瑩，酒香芬芳濃郁，酒體柔和純正，清洌甘爽，酒味諧調醇濃。飲後餘香，蕩胸回腸，香沁脾胃，味甜肌膚，令人心曠神怡，妙不可言。無論是善飲者或不常飲酒的人，一經品嘗都能感到風味特殊。

　　瀘州老窖特麴酒，所以具有獨特的風格，關鍵在於發酵的窖齡長，是真正的老窖。老窖的特點是在建窖時有特殊的結構要求，經過長期使用，泥池出現紅綠彩色，泥性成軟件，並產生奇異的香氣，此時，發酵醅與酒窖泥接觸，蒸餾出的酒也就有濃郁的香氣，這樣的窖就可稱為老窖了。隨著窖齡的增長，釀出的酒其品質也不斷提高。百年老窖釀成的酒才被認為是合乎理想的佳品美酒。據史載，瀘州曲酒廠最老的窖至今已有三百多年的窖齡，風貌

依舊，令人神往，遊人莫不以一睹為幸。

釀造瀘州大麴的第一個有名的釀酒作坊 —— 舒聚源糟房正式開業於清順治十四年（西元一六五八年）前後，大約到清乾隆二十二年（西元一七五八年）前後，其產品已銷售於整個四川。至清光緒六年（西元一八八〇年），瀘州大麴酒年產量已達十噸左右。

四十年前，分散的小糟坊聯合起來成為今天的瀘州老窖特麴酒廠，產量和品質蒸蒸日上。

瀘州老窖特麴酒不僅被中國民眾所喜愛，而且暢銷於歐、亞諸國，十分受歡迎，特別為東南亞各國人民所欣賞，在國際市場上成為品質穩定的名酒。

九、貴州茅台：風來隔壁千家醉，雨過開瓶十里香

據傳，遠古時赤水河的土著居民 —— 濮人，已善於釀酒，時間上比杜康還早。而更為確切的是：《史記》記載，在漢朝，仁懷已有了「枸醬酒」，可以說是茅台酒的雛形。

西元前一三五年（西漢建元六年），漢武帝劉徹使臣唐蒙出使南越（今廣州），在南越王的宴席上，唐蒙嘗到了今仁懷一帶產的歷史名酒 —— 枸醬酒。為取悅漢武帝，唐蒙繞道鰼部，即現在的仁懷一帶，取枸醬酒獻給武帝，武帝飲後，覺得十分甘美，讚其「甘美之」，故有「唐蒙飲枸醬而使西域」之說。到西元前一三〇年（西漢元光五年），唐蒙奉旨赴夜郎，由於枸醬酒的緣故，竟改道出符關（今四川省合江縣南），沿赤水河而上奔鰼部而來。

清仁懷詩人陳熙晉有詩為證：「尤物移人付酒懷，荔枝灘上瘴煙開，漢家枸醬知何物，賺得唐蒙鰼部來。」清代大詩人鄭珍也有：「橡蠶不自烏江渡，枸醬還從鰼部來。」這些都證實了早在漢朝以前，仁懷已盛產美酒。

　　至唐、宋朝，仁懷已成酒鄉，釀酒之風遍及民間。茅台釀製的優質大麴酒「風曲法酒」盛行於市。宋人張能臣的《酒名記》，以此酒品質佳美而載入酒史。到清朝，茅台酒業興旺，有「茅台燒房不下二十家，所費山糧不下二萬石」及「仁懷城西茅台村釀酒稱第一」的記載。茅台燒、茅台春、茅台燒春、茅春等酒名聲鵲起，獲得「酒冠黔人國」，「風來隔壁三家醉，雨後開瓶十里香」的讚譽。

　　西元一七八四年（清乾隆四十九年），茅台「偈盛」酒號正式取名為茅台酒，清末至民國相繼有「成義」、「榮和」、「恆心」燒房出現，繼承和發揚了源遠流長的傳統工藝，形成了一定規模的生產能力。一九一五年，「成義」、「榮和」兩家酒坊均送出產品參加了美國舊金山舉辦的巴拿馬萬國博覽會，以其精美絕倫的品質冠蓋群芳，一舉奪得金獎，與蘇格蘭威士忌、科涅克白蘭地同列為世界三大（蒸餾）名酒。

　　後茅台酒又多次獲獎，遠銷世界各地，被譽為世界名酒。

十、貴州董酒：「三獨特」聞名天下

　　董酒產於貴州遵義董酒廠，屬大麴其他香型優質白酒；它以其獨特的工藝、典型的風格，優良的品質馳名中外，在名酒中獨樹一幟。

　　董酒廠坐落在遵義市北郊距市區將近八公里外的董公寺，董公寺一帶局部氣候穩定，冬無嚴寒，夏無酷暑，田地肥沃，綠樹成蔭，清泉漫流，環境幽靜，很適宜釀造類微生物生長繁殖，是一個釀酒歷史悠久的地方，董酒因創始於此地而得名。

　　「董公寺」是一座小型佛教寺廟，初建於明朝萬曆年間，名「龍山寺」，後改名為「西樂庵」。清康熙元年（西元一六六三年）遷任遵義兵備道的董顯忠出資修葺該寺，劃定廟產，委人管理，終因經營不善，致「西樂庵」牆傾

瓦塌。清乾隆六年（西元一七四三年），有燕僧雲遊至此，募資重修，感董顯忠之舉，將「西樂庵」易名為「董公寺」。隨道路兩旁的街道，以寺名為地名，也叫「董公寺」，沿用至今。

　　董公寺一帶的釀酒歷史可追溯到魏晉南北朝時代，蒸餾酒至少可追溯到清光緒初年。至清末，這裡的釀酒業已具有一定規模，小麴酒作坊處處可見，釀造技藝互通互融，僅董公寺至方圓十公里的地帶，就有小作坊十餘家，而以釀造世家程氏作坊所釀小曲酒最為出色。程氏後人程明坤（字翰章，一九〇三至一九六三）匯聚前人技藝而汲人所長，結合當地水土、氣候、原料等條件，釀造出別具一格的「董公寺窖酒」。他勤奮好學，收集民間有關釀酒、製麴配方進行研究，加以改進，最後形成製小麴的「百草單」（後名「蜈蚣單」）以及製大麴的「產香單」。在製小麴的「百草單」和製大麴的「產香單」中，以芳香類藥群為主，補氣、補血、滋陰類藥群為輔。中藥在製麴過程中被微生物分解、合成形成的酸、酯、醇、酚等微量成分達一百多種，不僅豐富了董酒的內涵，還使酒體具有綜合性保健功能，對內科、外科、神經科、兒科、婦科、泌尿及心腦血管疾病有防治作用。後來程氏又幾經改進，形成一套完整的釀造工藝，祕不外傳，獨家經營。隨著工藝的健全，酒質日臻完美，一九二〇年代初即成為遵義名產。一九四〇年代初經人提議，將「董公寺窖酒」保留頭尾二字，定名為「董酒」，並將散裝銷售改為瓶裝銷售，在鄰近地區頗有名氣，但年產量始終沒有突破八噸。

　　一九五七年前董酒曾一度絕跡，後來當地民眾決定保存這個傳統名產，在原程氏小作坊基礎上修灶建窖，恢復生產。次年，董酒枯木逢春，至一九九三年時產量已突破萬噸大關，達到一萬一千六百噸。

　　董酒以「酒液晶瑩透明，香氣幽雅舒適，入口醇和濃郁，飲後甘爽味長」為其特點，並有祛寒活絡，促進血液循環，消除疲勞，寬胸順氣等功能。

它曾四次榮獲名酒稱號，已經遠銷東南亞、日本和歐美等地，深受消費者
的歡迎。

第二章　歷史上著名的五大酒局

　　酒區別於其他飲品的因素，是它的政治性，酒既可製造吉利，又可製造凶光。正所謂「酒外乾坤大，壺中日月長」，酒演繹了人間多少恩恩怨怨。

一、鴻門宴：項羽優柔寡斷，劉邦死裡逃生

　　秦末，劉邦與項羽各自攻打秦朝的部隊，劉邦兵力雖不及項羽，但劉邦先破咸陽，項羽勃然大怒，派英布擊函谷關，項羽入咸陽，而劉邦則在灞上駐軍。劉邦的左司馬曹無傷派人在項羽面前說劉邦打算在關中稱王，項羽聽後更加憤怒，下令次日一早讓兵士飽餐一頓，擊敗劉邦的軍隊。一場惡戰在即。

　　劉邦從項羽的叔父項伯口中得知此事後，驚訝無比。劉邦借機擺酒宴項伯，席上劉邦兩手恭恭敬敬地給項伯捧上一杯酒，祝項伯身體健康長壽，約為親家並請求項伯替自己解圍。劉邦的感情拉攏，說服了項伯，項伯答應為之在項羽面前說情，並讓劉邦次日前來謝項羽。

　　在張良和項伯的暗地斡旋下，項羽沒有立即攻打劉邦，而是擺下了一桌酒席宴請劉邦。這便是歷史上著名的鴻門宴。鴻門宴是項羽和劉邦之間的強強對話，一時風雲際會，楚漢群雄，龍驤虎步，聚於新豐鴻門。

　　鴻門宴上，雖不乏美酒佳餚，但卻暗藏殺機，項羽的亞父范增，一直主張殺掉劉邦，在酒宴上，一再示意項羽發令，但項羽卻猶豫不決，默然不

應。范增召項莊舞劍為酒宴助興，趁機殺掉劉邦，項伯為保護劉邦，也撥劍起舞，掩護了劉邦。在危急關頭，劉邦部下樊噲帶劍擁盾闖入軍門，怒目直視項羽，項羽見此人氣度不凡，只好問來者為何人，當得知為劉邦的參乘時，即命賜酒，樊噲立而飲之，項羽命賜豬腿後，又問能再飲酒嗎，樊噲說，臣死且不避，一杯酒還有什麼值得推辭的。樊噲還乘機說了一通劉邦的好話，項羽無言以對，劉邦乘機一走了之。劉邦部下張良入門為劉邦推脫，說劉邦不勝飲酒，無法前來道別，現向大王獻上白璧一雙，並向大將軍范增獻上玉斗一雙，請您收下。不知深淺的項羽收下了白璧，氣得范增撥劍將玉斗撞碎。

　　整個鴻門宴的過程，跌宕起伏，險象環生，劉邦屢屢處於危局，卻次次能化險為夷。歷史上對鴻門宴向有三起三落之說。

　　第一起，是「范增數目項王，舉所佩玉玦以示之者三」，接連暗示項羽下令殺劉邦，氣氛極為緊張，結果「項王默然不應」。第二起是范增見原定計畫無法執行，於是叫項莊舞劍助興，伺機刺殺劉邦，空氣再一次緊張起來。第三起是樊噲撞倒守門衛士而入帳，「披帷西向立，瞋目視項王，頭髮上指，目眥盡裂」。這樊噲簡直就是一巨靈神模樣。樊噲後來說了番慷慨激昂的話，對項羽予以斥責，說得項羽「未有以應」。這時情節發展到高潮，氣氛緊張到了極點。

　　有三起，必有三落。劉邦的絕處逢生，全在這三落之中。一落是項莊舞劍，本來意在沛公，不想項伯出面與之對舞，救了劉邦。二落是項羽對樊噲闖帳，不僅不怒，反而稱為「壯士」，這個時候項羽還「英雄識英雄，猛將愛猛將」呢！項羽讓樊噲喝酒、賜「生彘肩」，被他斥責一頓之後心裡慚愧，還給樊噲賜了坐。三落是劉邦以「如廁」為名而逃席遠遁。

二、青梅煮酒論英雄：曹操頤指氣使，劉備韜光養晦

　　青梅煮酒論英雄這一典故，想必讀過《三國演義》的人都知道。話說劉備歸附曹操後，每日在許昌的府邸裡種菜，以為韜晦。用張飛這個粗人的話講，就是「行小人事」。

　　劉備乃當時豪傑，雖手下將不過關羽張飛，兵不過三千（當時兵士大多已被遣返），但一向「信義著於四海」。陳壽《三國志》裡說劉備「蓋有高祖之風，英雄之器焉」，意思是：他與劉邦類似，天生就有領袖魅力英雄氣概。劉備和劉邦一樣，都不是屈居人下的將兵之才，而是領袖群倫的領將之才。曹操何等人物，遍識天下英雄，當然對劉備有很透澈的了解。他自然也知道，劉備一旦羽翼豐滿，必將是一位非常可怕的對手。但是，他自負地認為劉備雖有英雄之志、英雄之氣、英雄之魂，英雄之義，但他並沒有用武之地，而一個沒有用武之地的英雄是不能真正算作英雄的，也是用不著過於防範的。所以，他並沒有聽謀士程昱的話，在劉備投靠之初便將其「處理掉」。

　　但是，一代梟雄曹操也深知劉備不能得勢，一旦得勢便將會成為自己強有力的競爭對手。因此，想方設法探聽劉備的口風。

　　一日，曹操擺下酒席，宴請劉備。二人以青梅下酒，酒正酣時，天邊黑雲壓城，忽卷忽舒，有若龍隱龍現。曹操說：「龍能大能小，能升能隱；大則興雲吐霧，小則隱介藏形；升則飛騰於宇宙之間，隱則潛伏於波濤之內。方今春深，龍乘時變化，猶人得志而縱橫四海。龍之為物，可比世之英雄。玄德久歷四方，必知當世英雄。」曹操實乃不世出的絕頂人物，這一番話，看似描述龍之變化，目的是說「人得志而縱橫四海」。顯然，這是他的一番自我剖白，借物詠志。當然他也下了一個套，試探在劉備眼裡，什麼人能縱橫四海，比得上我曹操。劉備接連指出袁術、袁紹、劉表、孫策和劉璋等地方

豪強，都被曹操一一否決。劉備回答得很巧妙，因為當時是個人都會如此回答。這樣一來曹操就會認為劉備見識一般，和常人無異。接著曹操給出了當世英雄的標準，他說：「夫英雄者，胸懷大志，腹有良謀，有包藏宇宙之機，吞吐天地之志者也。」劉備繼續裝傻，問：「誰能當之？」曹操指了指劉備，後指了下自己，說：「今天下英雄，惟使君與操耳！」當時天雨將至，雷聲大作。劉備裝作受了驚嚇的樣子，筷子掉到了地上：「一震之威，乃至於此。」曹操笑著說：「丈夫亦畏雷乎？」劉備說：「聖人迅雷風烈必變，安得不畏？」將內心的驚惶巧妙地掩飾了過去。

此次酒局堪稱雙龍聚會。酒宴上，曹操睥睨群雄之態，雄霸天下之志表露無疑。而劉備隨機應變，進退自如，也表現出了一世豪傑所應有的技巧和城府。煮酒論英雄從此享譽古今。

三、江東群英會：周瑜巧設局，蔣幹終中計

《三國演義》第四十五回〈三江口曹操折兵，群英會蔣幹中計〉，話說周瑜在帳中正與眾將議事，聞蔣幹來訪，知是曹操說客來臨。當即命眾將依計行事。蔣幹打扮得像個世外高人，「引一青衣小童，昂然而來」。一見面，蔣幹問道：「公瑾別來無恙！」這一句既是問候，又道出蔣幹與周瑜原有一番舊誼。周瑜直截了當：「子翼辛苦，難道是為曹操做說客嗎？」蔣幹立刻裝作很「愕然」的樣子，說：「你我分別那麼久，我特來和你敘舊，怎麼能說是當說客呢？」周瑜笑著說：「雖然比不上師曠那麼聰慧，但聞弦歌而知雅意啊。」蔣幹裝作很惱怒的樣子，說：「閣下待故人若此，我當告退！」蔣幹心想，老同學了你還跟我來這一套，於是他裝作很有性格的樣子，轉身就要走，被周瑜攔住。

之後周瑜大擺筵席，並禁止在席間談論曹操與東吳軍旅之事。周瑜曰：

「吾自領軍以來，滴酒不飲；今日見了故人，又無疑忌，當飲一醉。」說罷，大笑暢飲。座上觥籌交錯。接著周瑜領蔣幹參觀了東吳軍營的精兵強將。周瑜裝醉大笑道：「想周瑜與子翼同學業時，不曾望有今日。」蔣幹說：「以老兄高才，實不為過。」周瑜拉著蔣幹的手說：「大丈夫處世，遇知己之主，外托君臣之義，內結骨肉之恩，言必行，計必從，禍福共之。假使蘇秦、張儀、陸賈、酈生復出，口似懸河，舌如利刃，安能動我心哉！」言罷大笑。蔣幹面如土色。飲至天晚，點上燈燭，周瑜舞劍作歌：「丈夫處世兮立功名；立功名兮慰平生。慰平生兮吾將醉；吾將醉兮發狂吟！」歌罷，滿座歡笑。

整個酒宴完全被周瑜掌控，可憐的蔣幹只有疲於應對的份。從一開始到酒過三巡，也不敢提及遊說周瑜投降曹操的事。可一想到自己在曹丞相面前誇下的海口，又有些忐忑，有些不安，如果空手回去，怎麼交代？一想到這，他決定劍走偏鋒，於是就有了晚上偷聽、盜書等宵小行為。而這恰恰是周瑜設下的圈套。後來曹操果然中計，斬了水軍首領蔡瑁、張允。

這次酒宴，周瑜透過蔣幹，借曹操之手，除去了曹操幾員大將，使這次群英會酒局，成為千古佳話。

四、杯酒釋兵權：一杯薄酒敵千軍

話說宋朝第一個皇帝趙匡胤自從陳橋兵變後黃袍加身，榮登大寶，從昔日重臣搖身一變成為今天的皇帝。自從坐上龍椅之後，趙匡胤卻一直惴惴不安。他非常擔心歷史會重演這一幕，以後若是手握重兵的部下也效仿他當年的作為，自己的江山也就易主了。

趙匡胤想解除手下一些大將的兵權。於是在西元九六一年，安排一次酒局，召集禁軍將領石守信、王審琦等武將飲酒。

酒過幾巡，宋太祖命令在旁侍候的太監退出。他拿起一杯酒，先請大家

乾杯，說：「我要不是有你們幫助，也不會有現在這個地位。但是你們哪知道，做皇帝也有很大難處，還不如做個節度使自在。不瞞各位說，這一年來，我就沒有一夜睡過安穩覺。」

石守信等人聽了十分驚奇，連忙問這是什麼緣故。宋太祖說：「這還不明白？皇帝這個位子，誰不眼紅呀？」

石守信等聽出話音來了。大家著了慌，跪在地上說：「陛下為什麼說這樣的話？現在天下已經安定了，誰還敢對陛下三心二意？」

宋太祖搖搖頭說：「對你們幾位我還信不過？只怕你們的部下將士當中，有人貪圖富貴，把黃袍披在你們身上。你們想不登基，能行嗎？」

石守信等聽到這裡，感到大禍臨頭，連連磕頭，含著眼淚說：「我們都是粗人，沒想到這一點，請陛下指引一條出路。」

宋太祖說：「我替你們著想，你們不如把兵權交出來，到地方上去做個閑官，買點田產房屋，給子孫留點家業，快快活活度個晚年。我和你們結為親家，彼此毫無猜疑，不是更好嗎？」

石守信等齊聲說：「陛下給我們想得太周到啦！」

酒席一散，大家各自回家。第二天上朝，每人都遞上一份奏章，說自己年老多病，請求辭職。宋太祖馬上批准，收回他們的兵權，賞給他們一大筆財物，打發他們到各地去做禁軍職務。

歷史上把這件事稱為「杯酒釋兵權」（「釋」就是「解除」）。

過了一段時期，又有一些節度使到京城來朝見（此時是西元九六九年）。宋太祖在御花園舉行宴會，解除了他們的藩鎮兵權。

宋太祖收回地方將領的兵權以後，建立了新的軍事制度，從地方軍隊挑選出精兵，編成禁軍，由皇帝直接控制；各地行政長官也由朝廷委派。透過這些措施，新建立的北宋王朝開始穩定下來。

宋太祖的做法後來一直為其後輩沿用，主要是為了防止兵變，但這樣一來，兵不知將，將不知兵，能調動軍隊的不能直接帶兵，能直接帶兵的又不能調動軍隊，雖然成功防止了軍隊的政變，但卻削弱了部隊的作戰能力，以至後來宋朝在與遼、金、西夏的戰爭中，連連敗北。可見，生存權都保證不了，一切都是枉然。所有這些後果，都起始於趙匡胤的杯酒釋兵權。所以，這種做法不值得效仿，但作為歷史上的大事件，還是需要我們有所了解的。

五、乾隆千叟宴：太平盛世慶祥和

千叟宴始於康熙，盛於乾隆時期，是清宮中規模最大、與宴者最多的盛大御宴。康熙五十二年在陽春園第一次舉行千人大宴，玄燁帝席賦〈千叟宴〉詩一首，固得宴名。

乾隆五十年（西元一七八五年）正月初六日，宴會在乾清宮如期舉行，適逢乾隆喜添五世元孫，自宗室王貝勒以下，內外文武大臣官員、致仕大臣官員、受封文武官階、士農工商、外藩蒙古王公、回部、西藏代表、西南土官及朝鮮賀正陪臣之年過六十者三千餘人，共聚一堂。整個宮內觥籌交錯，熙熙攘攘，殿廊下布五十席，丹墀內兩百四十四席，甬道左右一百二十四席，丹墀外左右三百八十二席，計八百席之多。席間，乾隆帝召一品大臣及九十歲以上者至御前，親賜飲酒，又命皇子、皇孫、皇曾孫在殿內依次敬酒，賜予大家如意、壽杖、朝珠、繒綺、貂皮、文玩、銀牌等，百歲老人郭鐘岳倍受賞賚。隨後，乾隆帝按康熙帝〈千叟宴〉詩原韻再賦〈千叟宴〉詩：

抽祕無須更騁妍，

惟將實事紀耆筵。

追思侍陛鬌垂日，

訝至當軒手賜年。

君酢臣酬九重會，

天恩國慶萬春延。

祖孫兩舉千叟宴，

史策饒他莫並肩。

這種酒宴所展現出來的皇家氣派自與民間喜宴大不相同。不但有御廚精心製作的免費滿漢全席，所有皇家貢品酒水也都全免。在這五十年一遇的豪宴上，老人們爭先恐後，一邊說著「多虧了朝廷的政策好」，一邊大快朵頤，狼吞虎嚥。據說暈倒、樂倒、飽倒、醉倒的老人不在少數。千叟宴這場浩大酒局，被當時的文人稱作「恩隆禮洽，為萬古未有之舉」。

第三章　古代名人與酒的那些風流事

　　酒文化是文化百花園中的一朵奇葩，芳香獨特。千百年來多少文人墨客飲酒吟誦，借酒明志，留下佳作無數；酒也給了很多英雄豪傑賦予濃厚的文化生活氣息，曹操煮酒論英雄，李白舉杯邀明月，辛棄疾醉裡挑燈看劍，蘇東坡把酒問青天 ── 歷史與文化給了酒全新的詮釋，酒文化淵遠流長，又給歷史與文化增添了別樣的韻味。

一、酒狂白居易：百事盡除去，唯餘酒與詩

　　白居易是繼李白、杜甫之後又一位酒神級的大詩人。白居易自稱一生嗜酒、耽琴、淫詩，有人統計，白居易存詩兩千八百首，涉及酒的九百首。

　　白居易十六歲已能寫出傳世之作〈賦得古原草送別〉。二十九歲進士及第，歷任祕書省校書郎、翰林學士、左拾遺、左贊善大夫、江州司馬、中書舍人、蘇州、杭州刺史、河南尹等職，最高當過刑部尚書。其時唐朝由盛轉衰，朝局混亂，在宦海中浮浮沉沉的白居易厭倦了朋黨紛爭、同僚傾軋，最後在其五十九歲那年辭官，「宦遊三十載，將老，退居洛下。所居有地五六畝，竹數千竿，喬木千株，臺榭舟橋，具體而微，先生安焉。」由於宦囊尚豐，生活與陶淵明的苦況當然不同，但其精神上的鬱鬱寡歡卻毫無二致，其〈效陶潛詩體〉詩云：「篇篇勸我飲，此外無所云。其他不可及，且效醉昏昏。」閒來常駕車到洛陽郊外遊玩，車中放一琴一枕，兩邊竹竿各懸一隻酒

壺，抱琴引酌，興盡而返，有「狂歌箕踞酒尊前，眼不看人面向天。洛客最閒唯有我，一年四度到平泉」為證。他還牽線創辦了史上第一個飲酒組織「香山九老會」，專門辦些琴棋詩酒等風花雪月的雅事。每當良辰美景，即出面邀請酒徒、琴侶、詩客相聚。先拂酒罈，次開詩篋，後捧絲竹。一面喝酒，一面吟詩，不醉不歸。

他六十七歲時作〈醉吟先生傳〉稱：「因自吟詠懷詩，吟罷自哂，揭甕發醅，又移數杯，兀然而醉。既而醉復醒，醒復吟；吟復飲，飲復醉，醉吟相仍，若循環然……幕席天地，瞬息百年，陶陶然，昏昏然，不知老之將至。」其怡然之得，比陶淵明隱居南山下所作辛酸味十足的〈五柳先生傳〉，不可同日而語。

任河南尹時就自號「醉尹」的白居易無酒不歡，有酒必醉。他在《對酒行吟贈同志》對自己詩酒生涯作了總結：「百事盡除去，唯餘酒與詩！」對於自己嗜酒無度，白居易效劉伶〈酒德頌〉作〈酒功贊〉曰：「麥麴之項，米泉之精，作合為酒，孕和產靈。孕和者何？濁醪一樽，霜天雪夜，變寒為溫。產靈者何？灑醑一酌，離人遷客，轉憂為樂。納諸喉舌之內，淳淳泄泄，醍醐亦瀶。沃諸心胸之中，煦煦融融，膏澤和風。百慮齊息，時乃之德；萬緣皆空，吾嘗終日不食，終夜不寢，以思無益，不如且飲。」情真語切，非善飲知酒之人不能為，深為後世酒人所讚賞。

白居易以善飲著稱，也以善釀出名。他當官時經常抽空研究酒的釀造，他上任一年自慚毫無政績，卻為能釀出美酒而沾沾自喜。在釀的過程中，他不是發號施令，而是親自參加實踐。並付諸實施，「為報阿連寒食下，與吾釀酒掃柴扉。」他在釀酒方面頗有心得，嘗云：「柳枝謾蹋試雙袖，桑落初香嘗一杯。金屑醅濃吳米釀，銀泥衫穩越娃裁。」西湖水好，吳地米佳。他常摘取自家種的菊花釀成菊酒密封後儲存，待來年菊花盛開時開封，「更待菊黃家

釀熟，與君一醉一陶然。」有一次秋高氣爽時節菊黃酒熟，欲開壇暢飲，無奈酒友皇甫十囚故未到，望眼欲穿的他感嘆：「新酒此時熟，故人何日來？」

「綠蟻新醅酒，紅泥小火爐。晚來天欲雪，能飲一杯無？」小詩平白如話，只寥寥數筆就將雪夜會友、把酒言歡的熱乎場面描繪得溫暖醉人，讓人回味無窮。

白居易，「陶陶然，昏昏然」，本想在沉醉中忘卻世間事，但無奈「春去有來日，我老無少時」，恍惚間，「歸去來兮頭已白」。一代名流，於會昌六年八月十四日，在洛陽城履道坊白氏本家中仙逝。享壽七十五歲。子孫遵遺囑，將其葬於龍門東山琵琶峰。河南尹盧貞刻〈醉吟先生傳〉於石，立於墓側。傳說四方遊客，知白居易平生嗜酒，前來拜墓都用杯酒祭奠，所以墓前方丈寬的土地沒有乾燥的時候，可見，詩人是深得後人愛戴的。

二、酒痴陶淵明：欲辯已忘言，但使能長醉

陶淵明是文學史上第一個大量寫飲酒詩的詩人。他一生不得志，仕途上沒有什麼作為，曾擔任江州祭酒、彭澤令等小官職。彭澤縣令，是他仕途生活中的最後一任官職。這在蕭統的《陶淵明傳》中敘述得最為詳細。《傳》中說他由於生活所迫，不得不去當彭澤令。他一到任，就令部下種糯米，糯米可以做酒。所以他說：「我常常酒醉，就心滿意足了！」他的妻子堅持要種大米。於是，將二頃五十畝田種糯米，五十畝田種大米。

到了年底，郡官派督郵來見他，縣吏就叫他穿好衣冠迎接。他嘆息說：「我豈能為五斗米，向鄉里小兒折腰！」當天就解去官職，寫了一篇〈歸去來辭〉。

陶淵明辭官歸隱的想法，不僅於此。在〈歸園田居〉詩裡，講得十分明白。他說，十三年中，幾度出仕，深受羈縛；這次堅決脫離官場，歸隱田園，

就像籠中鳥飛回大自然一樣，感到無比自由和愉快。家鄉的草屋、田地、樹木、炊煙，乃至雞鳴、犬吠，都是那麼的親切、可愛。作者的這種心情，正反映了他對黑暗官場的憎惡和對大自然的熱愛。

　　他的〈飲酒〉二十首以「醉人」的語態或指責是非顛倒、毀譽雷同的上流社會；或揭露世俗的腐朽黑暗；或反映仕途的險惡；或表現詩人退出官場後怡然陶醉的心情；或表現詩人在困頓中的牢騷不平。從詩的情趣和筆調看，可能不是同一時期的作品。東晉元熙二年（西元四二〇年），劉裕廢晉恭帝為零陵王，次年殺之自立，建劉宋王朝。〈述酒〉即以比喻手法隱晦曲折地記錄了這一篡權易代的過程，對晉恭帝以及晉王朝的覆滅流露了無限的哀惋之情。此時陶淵明已躬耕隱居多年，亂世也看慣了，篡權也看慣了，但這首詩仍透露出他對世事不能忘懷的想法。

三、醉翁歐陽脩：以酒澆愁，自作糊塗

　　歐陽脩一生與酒結下了不解之緣。宋仁宗慶曆七年，歐陽脩遭誣被貶官到滁州做太守。一日來到琅琊，與一老者開懷暢談結為知己，並在半山腰修一涼亭，常常與友人在此飲酒賦詩或借酒澆愁，並取名為「醉翁亭」。

　　有一天，歐陽脩帶些酒食又去遊山，途中遇到幾位砍柴的百姓和一位教書匠，便邀一同到醉翁亭歇息，一起猜測拳共飲。其友人智山聽說歐陽脩上山，也即上山，但久等未見蹤影，便下山來尋。在醉翁亭外，但見歐陽脩醉眼微睜，面紅耳赤，忙上前問道：「太守為何醉成這樣？」歐陽脩哈哈大笑道：「我哪是醉了！百姓之情可醉我，山水之美可醉我，這酒如何使我醉？偶有醉時，就是以酒澆愁，自作糊塗罷了。」說罷又自斟一杯，一飲而盡，稍傾片刻，竟脫口吟出：

　　四十末為老，醉翁偶題篇，

醉中遺萬物，豈復記吾年！

那位教書先生從席間站起，隨即附詩一首：

為政風流樂歲豐，每將公子了亭中。

泉香鳥語還依舊，太守何人似醉翁？直至今日，這首詩的碑記仍然保留在醉翁亭裡。

歐陽脩喜好酒，他的詩文中亦有不少關於酒的描寫。一首〈漁家傲〉中採蓮女用荷葉當杯，划船飲酒，寫盡了酒給人的生活帶來的美好。歐陽脩任揚州太守時，每年夏天，都攜客到平山堂中，派人採來荷花，插到盆中，叫歌妓取荷花相傳，傳到誰，誰就摘掉一片花瓣，摘到最後一片時，就飲酒一杯。這樣歡宴暢飲，直到深夜而歸。

慶曆間賈文元任昭文相時，常與歐陽脩暢飲。賈知歐陽脩飲酒時喜歡聽曲，所以預先叮囑一官妓，準備些好曲子來助興。誰知這官妓聞而不動，再三催促，仍就無動於衷。賈文元感到很無奈。不料在宴席上，這位官妓在向歐陽脩敬酒祝壽時，一曲又一曲地獻唱。歐陽脩側耳細聽，每聽完一曲，就飲一大杯酒，心情十分痛快。賈文元感到奇怪，過後一問，才知道官妓所唱的曲，全是歐陽脩作的詞。

晚年的歐陽脩，自稱有藏書一萬卷，琴一張，棋一盤，酒一壺，陶醉其間，怡然自樂。可見歐陽脩與酒須臾不離。

四、酒仙李白：古來聖賢皆寂寞，惟有飲者留其名

提到酒，就不能不說到詩仙李白。酒之於李白，猶如魚兒與水，相依，不可缺。

現代學者余光中的一首〈尋李白〉：「……酒如豪腸，七分釀成了月光，餘下的三分嘯成了劍氣，繡口一吐就半個盛唐。」深深地將豪放不羈的詩仙

形象印入人們心中。

「將進酒，杯莫停」、「五花馬，千金裘，呼兒將出換美酒」，這是歷史上著名「酒仙」的暢飲情景。

李白一生嗜酒，酒癮是很大的。在給妻子的〈寄內〉詩中說：「三百六十日，日日醉如泥。」在〈襄陽行〉詩中說：「百年三萬六千日，一日須傾三百杯。」在〈將進酒〉詩中說：「會須一飲三百杯。」這些數字雖不免有藝術的誇張，但李白的嗜酒成性卻也是事實。古時的飯店裡，都掛著「太白遺風」、「太白世家」的招牌。

關於李白與酒的傳說很多，其中有這樣一段故事：李白在長安受到排擠，浪跡江湖時，一次喝醉酒騎驢路過縣衙門，被衙役喝住。李白說：「天子為我揩過吐出來的食物，我親口吃過御製的羹湯。我賦詩時，貴妃為我舉過硯，高力士為我脫過鞋。在天子門前，我可以騎著高頭大馬走來走去，難道在你這裡連小小的毛驢都騎不成嗎？」衙役聽了大吃一驚，連忙賠禮道歉。

李白一生寫了大量以酒為題材的詩作，〈將進酒〉、〈山中與幽人對酌〉、〈月下獨酌〉等最為大家熟悉。其中〈將進酒〉可謂是酒文化的宣言：「君不見黃河之水天上來，奔流到海不復回。君不見高堂明鏡悲白髮，朝如青絲暮成雪。人生得意須盡歡，莫使金樽空對月。……烹羊宰牛且為樂，會須一飲三百杯！」如此痛快淋漓豪邁奔放。難得的是，李白在這裡極力推崇「飲者」。為了飲酒，五花馬、千金裘都可以用來換取美酒，其對於酒之魅力的詮釋，確已登峰造極。

飲酒給李白帶來了許多快樂，他在詩中說「且樂生前一杯酒，何須身後千載名」，高唱「百年三萬六千日，一日須飲三百杯」，要「莫惜連船沽美酒，千金一擲買春芳」，要「且就洞庭賒月色，將船買酒白雲邊」，一會兒「高談滿四座，一日傾千觴」，一會兒又「長劍一杯酒，丈夫方寸心」。這使我們感

到酒已經成了李白生命不可或缺的一部分。

杜甫在〈飲中八仙歌〉中云：「李白斗酒詩百篇，長安市上酒家眠，天子呼來不上船，自稱臣是酒中仙。」可見李白的詩文及其一生與酒的關係是何等密切！

李白的出現，把酒文化提昇到一個嶄新的階段，他在繼承歷代酒文化的基礎上，透過自己的大量實踐，以開元以來的經濟繁榮作為背景，以詩歌作為表現方式，創造出了具有盛唐氣象的新一代酒文化。

李白六十多年的生活，沒有離開過酒。他在〈贈內〉詩中說：「三百六十日，日日醉如泥。」李白痛飲狂歌，為我們留下了大量優秀的詩篇，但他的健康卻為此受到損害，六十二歲便駕鶴西歸。

李白的一生其實是懷才不遇的一生，他的詩既洋溢著酒的氣息，又散發出愁的滋味，酒是他憂愁時唯一的朋友，是他惆悵時精神上的知心伴侶。他借詩抒懷，又以酒為詩添翼，然而此中有真意，欲辯已忘言，他和酒彼此之間的這份深情，是一般人無法達到的，這也是李白之所以成為李白的原因吧！

「古來聖賢皆寂寞，惟有飲者留其名。」這就是李白，一個光照千古的詩仙、酒仙。

五、酒豪辛棄疾：掩鼻人間臭腐場，古來唯有酒偏香

和其他文人一樣，辛棄疾非常喜歡喝酒，經常喝得醉醺醺的。有一次，他醉倒在松樹旁邊，還問松樹：「我醉得怎麼樣？」松樹當然沒辦法回答。在醉眼矇矓中，誤以為松樹要來扶他，他用手推著松樹說：「去！」酒醒以後，他就揮筆寫成〈西江月・遣興〉，把這件引人發笑的事寫了進去。

喝醉了酒，不僅耽誤了工作、唸書，而且會損傷身體。辛棄疾就下定決

心，堅決戒酒，還特地寫一首〈沁園春〉詞。在詞中，他以古人為例，講喝酒如何如何地有害。可是有一天，他在山上遊玩，見朋友拿了酒來，又急不可待地喝起來，直至酩酊大醉。事後，他按〈沁園春〉的韻腳，又寫了一首詞，說飲酒如何如何地好。可見，辛棄疾的戒酒是假的。

辛棄疾以酒會友的事，被不少人傳為美談。

其一是與劉過相會。

劉過是南宋有名的詞人、詩人。他的詩詞抒發了對抗金的抱負，為愛國志士所器重。當時，辛棄疾任河東安撫使，而劉過則是一個懷才不遇、流落江湖的落魄文人。劉過對辛棄疾十分崇敬，想方設法要結識辛棄疾。

有一天，他來到辛府前，因穿著襤褸，被門吏拒之於外。他故意大吵大鬧，驚動了正在酣飲的辛棄疾。辛棄疾忙出來迎接，見劉過雖然衣衫破舊，卻英氣勃勃，不愧是一位愛國文人，於是請他入席飲宴。劉過也不卑不亢地坐著喝酒。酒過三巡，旁邊有位賓客對劉過說：「聽說先生不僅善於詞賦，而且還能作詩，是嗎？」劉過很有分寸地說：「詩詞之道，略知一二。」當時席上正好有一大碗羊腰腎羹，辛棄疾就讓他以此為題，賦詩一首。劉過豪爽地說：「天氣殊冷，當以先酒後詩。」辛棄疾即命人為他滿滿地斟了一碗酒。由於劉過雙手已經凍僵，接碗的手，顫抖不止，把碗中的酒流到胸前的衣襟上，辛棄疾就請他以「流」字為韻。劉過沉吟片刻，馬上吟出了一首既切題又符合當時情景的絕句：「拔毫已付管城子，爛首曾封關內侯。死後不知身外物，也隨樽酒伴風流。」「拔毫」指拔羊毛，「管城子」指毛筆。煮羊，必先拔羊毛，用羊毛製成毛筆，可供文人使用。「爛首」，指煮爛羊頭，因東漢時流傳的一首歌謠：「爛羊頭，關內侯」諷刺小人封侯，專權誤國。羊死後，當然「不知身外物」，但可作為佳餚，和樽酒一起陪伴風流人物。當然風流人物就是辛棄疾等人。

其二是與陳亮相會。

陳亮是辛棄疾的知交，也是一位愛國詞人。淳熙十五年冬天，陳亮從他的故鄉浙江永康來江西拜訪辛棄疾，這時，辛棄疾在小病中，見到陳亮，十分高興。他們或在瓢泉共飲，或往鵝湖寺遊覽。他們一邊喝酒，一邊縱談國家大事，時而歡笑，時而憂憤。陳亮在鉛山住了十天，才告別回去。辛棄疾一程又一程送他。

第二天早晨，辛棄疾又趕馬追去，想挽留陳亮多住幾天。當他追到鷺鷥林地方，因深雪泥滑，不能前去，才停了下來。那天，他在方村悵然獨飲。夜半投宿於姓吳的泉湖四望樓，聽到鄉人吹笛聲，淒然感傷，就寫了一首〈賀新郎‧把酒長亭說〉詞。詞中寫自己與陳亮歡飲縱談的喜悅，對陳亮的敬愛，以及對當權者偷安誤國的痛心。後來把這首詞寄給了陳亮，陳亮也寫了一首和詞〈賀新郎‧老去憑誰說〉寄給辛棄疾。

辛棄疾一生詞作有六百多首，其中同酒有關的作品占了絕大多數，如〈破陣子〉「醉裡挑燈看劍，夢回吹角連營」，〈念奴嬌〉「休說往事皆非，而今云是，且把青樽酌」等等。

辛棄疾的作品，不管是描寫征戰沙場的豪情壯志，還是抒發享受田園風光的愜意心境，酒對他來說用途只有一個，那就是消除心中不快。在辛棄疾報國無門、壯志難酬的境況下，唯有借酒消愁。於是，酒成為辛棄疾生活中不可缺少的重要因素，酒助辛棄疾成為一代文豪。

六、酒聖杜甫：不須聞此意慘愴，生前相遇且銜杯

如果說李白天生是一個與酒相依為命，是一個「斗酒詩百篇」的曠世奇才，那麼我們就來說一說杜甫。作為同時代不相伯仲的兩大詩人，杜甫似乎永遠是一個與貧病交加、與窮愁潦倒為伍的倒楣詩人。

　　杜甫，字子美。在其現存的一千四百多首詩文中，談到酒的有三百首，占總數的兩成。在杜甫十四五歲時寫的〈壯遊〉一詩中寫道：「往昔十四五，出遊翰墨場……性豪業嗜酒，嫉惡懷剛腸……飲酣視八極，俗物多茫茫。」杜甫在〈醉時歌〉中說：「得錢即相覓，沽酒不復疑。忘形到爾汝，痛飲真吾師。」又說：「不須聞此意慘愴，生前相遇且銜杯。」

　　杜甫嗜酒的習性，從年少到老年，都沒有改變。他在〈曲江二首・其二〉中說：「朝回日日典春衣，每向江頭盡醉歸。酒債尋常行處有，人生七十古來稀。」

　　深深扎根於社會現實中的杜甫，面對國難家貧，生活的困頓，漂泊無依的生涯，懷才不遇、歲月催人的悲傷，杜甫注定是痛苦的。大到國家，小到個人，杜甫內心深處盛載了太多太多。現實讓杜甫的憂愁一天天加深，難以排遣，他也求助於酒，祈求以酒消愁。杜甫甚至不惜「厚著臉皮」向別人「時時乞酒錢」（〈戲簡鄭廣文虔，兼呈蘇司業源明〉），也曾典衣買酒，也曾因為「耽酒需微祿」（〈官定後戲贈〉）而接受了一個與他的理想落差很大的管理兵器的「賤職」，甚至還向鄰居借酒來飲：「隔屋喚西家，借問有酒不？」（〈夏日李公見訪〉）。這些都可見杜甫對酒的依賴和嗜好，在依賴和嗜好的背後，是杜甫想以醉消愁，哪怕是暫時的減輕愁情也好。

　　但杜甫始終無法借酒消愁，他仍然是那麼清醒的感受到內心的痛和悲。「誰能更拘束？爛醉是生涯」這句話將杜甫悲涼無奈的心情闡釋得淋漓盡致，甚至帶有幾分自暴自棄的消極想法。

　　苦悶的現實讓杜甫無法呼吸，他感受到了一種窒息。他無法像李白那樣一醉醉個痛快，更做不到像李白那樣藐視權貴，有「天子呼來不上船，自稱臣是酒中仙」的豪言壯語。事實上，為了生計，為了苟延殘喘，為了謀求出路，杜甫不得不時常向權貴獻詩作賦，在殘酷的現實面前，杜甫有更多的無

奈。杜甫嗜酒，但酒非但沒能消除杜甫的愁情，反而更令他悲傷，更令他愁上加愁。酒的這種「反作用」在杜甫身上展現得十分明顯。有時，杜甫喝了酒之後，悲情上湧，百感交集：「乃知貧賤別更苦，吞聲躑躅涕淚零。」（〈醉歌行〉）讓人唏噓不已。

「千里猶殘舊冰雪，百壺且試開懷抱。垂老何聞戰鼓悲，急觴為緩憂心挫。少年努力縱談笑，看我形容已枯槁」（〈蘇端、薛復筵簡薛華醉歌〉）。對杜甫來說，愁來不離酒，有酒吐悲愁，反而愁更愁。酒，是杜甫內心悲愁的一個影子，透過它，我們可以感受杜甫內心的沉重。「急觴為緩憂心挫」一句，更讓我們仿佛看到一個受傷的人在傷口不斷流血的時候無計可施，只好胡亂抓一把身邊的草藥，嚼碎了敷上去，血仍然流出來，草葉變紅了，再抓一把，再敷；再變紅，再敷……如此反覆。

「少年努力縱談笑，看我形容已枯槁」，以那些不解愁滋味的少年談笑的場面為背景，更突出了杜甫「形容已枯槁」的可憐形象，一個形銷骨立、飽經風霜，舉著酒杯頻頻飲酒，眼中卻蘊含迷離、茫然、落寞、淒涼的老者便躍然紙上，令人潸然。

酒鑄造了杜甫千古流芳的詩魂，酒也是他飢寒交迫、坎坷人生中的一點慰藉。酒伴隨了杜甫一生，最終也伴隨他平靜地走完了人生路。

第四編　名人、名酒的那些風流軼事

後記：飲酒與養生保健

　　早在甲骨文中就有了「酒」字的記載，可見飲酒在具有悠久的歷史。飲酒對人體到底是有害還是有益呢？一般說來少量飲酒是可以的，它可加速血液循環，流通氣血，疏通經脈，溫暖百骸，中醫許多方藥還用酒作引，載藥運行。至於藥酒則更具有一定的治病健身作用。但如果飲酒過度，會對身體造成損害。

一、酒也有營養價值

　　由於酒的種類不同，成分不一，所以不同種類的酒其營養價值也不盡相同。比方黃酒酒液中，主要有糖分、糊精、醇類、甘油、有機酸、胺基酸、脂類、維他命等，是一種很有營養價值的飲料。特別值得稱道的是它含有許多人體所需要的胺基酸。以即墨老酒為例，據分析，含胺基酸十七種，其含量，每一百毫升酒液中有：

　　天門冬胺酸約 35 毫克；蘇胺酸約 16 毫克；絲胺酸約 33 毫克；麩胺酸約 50 毫克；甘胺酸約 41 毫克；丙胺酸約 139 毫克；胱胺酸約 23 毫克；纈胺酸約 37 毫克；蛋胺酸約 21 毫克；異白胺酸約 15 毫克；白胺酸約 52 毫克；酪胺酸約 35 毫克；苯丙胺酸約 67 毫克；離胺酸約 33 毫克；組胺酸約 10 毫克；精胺酸約 81 毫克；脯胺酸 321 毫克。

　　在這十七種胺基酸中，如甘胺酸、丙胺酸、絲胺酸、精胺酸等，雖說在人體內可以合成，叫「非必需胺基酸」，但並不是在生理上不重要的。尤為可

貴的是黃酒所含胺基酸中，除非必需胺基酸外，還有一些胺基酸如蛋胺酸、纈胺酸、離胺酸、蘇胺酸、苯丙胺酸、異白胺酸等，叫「必需胺基酸」，是人體需要但又不能在體內合成，必須由食物供給的。必需胺基酸供應不足或不平衡時，表現的臨床症狀如幼兒、青少年發育遲緩、消瘦，成年人則疲倦、肌肉萎縮、貧血，以至形成營養性水腫，對疾病的抵抗力減弱等等。此外，黃酒還可以提供人體活動中所需的熱能。由於人們的年齡、性別、職業等不同，需要的熱量也不同，大約成年人每人每天需兩千四百到四千三百大卡。紹興酒每升中所含熱量為一千到兩千大卡不等。也就是說，一公升紹興酒的熱量，大約相當成年人每人每天需要量的三分之一到三分之二。在民間，婦女在分娩後飲用黃酒或以黃酒燉雞煮肉食用，這不是沒有道理的。

葡萄酒，也是一種富有營養的飲料。它含有醣類、果膠質、醇類、胺基酸、無機物質、維他命等成分。例如每公升酒液中含葡萄糖及果糖為四十到兩百二十克，而且直接能為人體所吸收。所含的樹膠質和黏液質，每公升酒液為一到九毫克，也是人體所必須的。特別是葡萄酒中含有較為豐富的維他命。每升葡萄酒中所含維他命如下：

硫胺素（維他命B1）8到86毫克；核黃素（維他命B2）0.08到0.45毫克；鈷胺素（維他命B12）1.2到1.5毫克；菸鹼醯胺（維他命PP）0.45到0.65毫克；吡哆胺（維他命C）0.1到0.3毫克。

人體所需的維他命，自然是從食物中攝取。當所食食物中長期缺乏某種維他命或其含量不足時，就會引起代謝紊亂，以至進入病理狀態，引起「維他命缺乏病」例如缺乏硫胺素，可以引起碳水化合物代謝的障礙和多發性神經炎等一系列腳瘡的症狀。如果缺乏核黃素，常出現眼角膜充血、瞼緣炎、口舌炎、陰囊皮炎等病變。抗壞血酸缺乏時，人體血管壁脆性增大，易於出血，出現壞血病的各種症狀，如牙齒的琺瑯質及骨骼得不到正常的發育，抵

抗力也會大大下降。當人體缺乏鈷胺素時，會引起惡性貧血病。鈷胺素不但能使紅血球數和血紅素量提高，同時還可以使惡性貧血病伴發的脊髓退行恢復正常。三百多年前，李時珍就已指出葡萄酒可以令人「駐顏色」，也就是通常說的「補血」。

啤酒也是一種富有營養的飲料。它的主要原料是大麥芽和啤酒花。炒麥芽是一味治食積不消、脘腹漲滿的中藥，古籍藥典集中早有記載。啤酒花的雌花是一種鎮靜、健胃、利尿藥，而釀製啤酒用的正是雌花。釀製啤酒還需要酵母發酵，酵母也可以用來治腳氣病和消化不良症。啤酒液中所含的原料穀物中的營養成分，由於經過糖化、發酵，營養價值有所增加，而且容易為人體所吸收。據測定一公升普通啤酒（含百分之三的酒精、百分之五的浸出物）所產生的熱量約為四百二十七大卡，所以有「液體麵包」之名。啤酒中還含有豐富的維他命，如硫胺素（維他命 B1）、核黃素（維他命 B2）、吡哆胺（維他命 B6）、菸鹼醯胺（維他命 PP）、泛酸、葉酸等等。由於啤酒中含有充足的二氧化碳，所以也可作為清涼飲料。

用水果、漿果等釀造的果酒，一般都含有作為原料的果實的營養成分，例如蘋果酒中含蘋果酸，能除去引起人體動脈硬化和尿結石病的多餘鹽類，紫梅酒含豐富的抗壞血酸。

至於白酒的營養價值，就遠不能和黃酒、葡萄酒、啤酒、果酒相比了。

需要說明的是，儘管黃酒、果酒等含有豐富的營養，但不等於說這些營養成分在別的食物中根本沒有，非要透過飲酒才能取得。事實上不飲酒的人中也並不都缺乏這些營養，因為在其他食物中也能供應這些物質。而且有的食物所含的這樣營養素比酒所含的更多。

二、巧飲酒來養生保健

飲酒講究科學飲用，筆者認為，要想對健康有益，那麼飲酒要做到以下幾點：

1、常飲品質好、度數低的酒

《呂氏春秋》說：「聖人採陰陽之宜，辨萬物之利以便生，故精神安乎形，而年壽得長焉。長也者，非短而續之也，畢其數也。畢數之務，在乎去害。何謂去害？大甘、大酸、大苦、大辛、大鹹五者充形，則生害矣；……凡養生，莫若知本，……凡食，無（勿）強厚味，無（勿）以烈味重酒。」認為不應該飲用那些度數高而品質低的烈性酒，而應該適量飲用一點味淡而品質較好的酒，這一觀點深為後世注重養生的人所重視。

2、人要長壽，必須節制飲酒

人要長壽，首先必須節制飲酒。酒其味有甘苦酸淡辛澀不一，其性皆熱，有毒。多次助火生痰，昏神軟體，損筋骨，傷脾胃，耗肺氣，夭人壽。」《本草綱目》引邵堯夫詩云：「美酒飲教微醉後。此得飲酒之妙，所謂醉中趣、壺中天者也。若夫況酒無度，醉以為常者，輕則致疾敗行，甚則喪邦亡家而隕軀命，其害可勝言哉？此大禹所以疏儀狄，周公所以著酒誥，為世範戒也。」清朝梁同書在〈說酒二百四十字〉一詩中羅列了縱酒的諸多害處，勸人們要節制飲酒。

現代科學已證實了古人的這些認知和說法是正確的。飲酒過量，不僅會使人的知覺、思維、情感、智能、行為等方面失去控制，飄飄然忘乎所以。還會摧殘人的身體，導致營養障礙、精神失常、胃腸不適、肝臟損傷，甚至引起心臟、癌症等多種病變和中毒身亡的嚴重後果。長期過量飲酒者的患病

率極高，死亡率也大。如果一個人長期過量飲酒：他的壽命便會縮短十到十二年。

3、飲法得當

也許有人認為，飲酒是一件非常簡單的事情，其實則不然。飲酒實際上是一種境界頗高的藝術享受，有許多學問。特別是在古代，人們不僅注重酒的品質和強調節制飲酒，而且還十分講究飲酒的環境和方法，如什麼時候能飲、什麼時候不宜飲、在什麼地方飲酒、飲什麼酒、如何飲酒等，都有許多規矩和講究。比如關於飲酒的理想環境，有人就曾做過如下概括：

飲人：高雅、衰俠、直率、忘機、知己、故交、玉人、可兒。

飲地：花下、竹林、高閣、畫舫、幽館、曲石間、荷亭。

另，春飲宜庭，夏飲宜效，秋飲宜舟，冬飲宜室，夜飲宜月。

飲候：春效、花時、情秋、瓣綠、寸霧、積雪、新月、晚涼。

飲趣：清淡、妙今、聯吟、焚香、傳花、度曲、返棹、圍爐。

飲禁：華誕、座宵、苦勸、爭執、避酒、惡譖、唷穢、佯醉。

飲闌：散步、歌枕、踞石、分匏、垂釣、岸岸、煮泉、投壺（《檀幾叢書全集》卷下吳彬〈酒政三則〉）。

4、飲酒時間

一般認為，酒不可夜飲。《本草綱目》有載：人知戒早飲，而不知夜飲更甚。既醉且飽，睡而就枕，熱擁傷心傷目。夜氣收斂，酒以發之，亂其清明，勞其脾胃，停溼生瘡，動火助欲，因而致病者多矣。由些可見，之所以戒夜飲，主要因為夜氣收斂，一方面所飲之酒不能發散，熱壅於裡，有傷心傷目之弊；另一方面酒本為發散走竄之物，又擾亂夜間人氣的收斂和平靜，傷人之和。此外，在關於飲酒的節令問題上，也存在兩種不同看法。一些人

從季節溫度高低而論，認為冬季嚴寒，宜於飲酒，以溫陽散寒。

5、飲酒溫度

在這個問題上，一些人主張冷飲，而也有一些人主張溫飲。主張冷飲的人認為，酒性本熱，如果熱飲，其熱更甚，易於損胃。如果冷飲，則以冷制熱，無過熱之害。元代醫學家朱震亨說：酒「理直冷飲，有三益焉。過於肺入於胃，然後微溫，肺先得溫中之寒，可以補氣；次得寒中之溫，可以養胃。冷酒行遲，傳化以漸，人不得恣飲也。」但清人徐文弼則提倡溫飲，他說酒「最宜溫服」，「熱飲傷肺」、「冷飲傷脾」。比較折中的觀點是酒雖可溫飲，但不要熱飲。至於冷飲溫飲何者適宜，這可隨個體情況的不同而有所區別對待。

6、辨證選酒

根據中醫理論，飲酒養生較適宜於年老者、氣血運行遲緩者、陽氣不振者，以及體內有寒氣、有痺阻、有瘀滯者。這是就單純的酒而言，不是指藥酒。藥酒隨所用藥物的不同而具有不同的性能，用補者有補血、滋陰、溫陽、益氣的不同，用攻者有化痰、燥溼、理氣、行血、消積等的區別，因而不可一概用之。體虛者用補酒，血脈不通者則用行氣活血通絡的藥酒；有寒者用酒宜溫，而有熱者用酒宜清。有意行藥酒養生者最好在醫生的指導下作選擇。

7、堅持飲用

任何養身方法的實踐都要持之以恆，久之乃可受益，飲酒養生亦然。古人認為堅持飲酒才可以使酒氣相接。唐代大醫學家孫思邈說：「凡服藥酒，欲得使酒氣相接，無得斷絕，絕則不得藥力。多少皆以和為度，不可令醉及

吐，則大損人也。」

8、「飲必小咽」

現代人飲酒常講究乾杯，似乎一杯杯的乾才覺得痛快，才顯得豪爽。其實這樣飲酒是不科學的。正確的飲法應該是輕酌慢飲。《呂氏春秋》說：「凡養生，……飲必小咽，端直無戾。」明龍遵敘在《飲食紳言》中說：「喝酒不宜太多大急，否則會損傷腸胃和肺。肺是心、肝、脾、腎、肺五臟中最重要的部分，好比帝王車子的車蓋，特別不能損傷。」清人朱彝尊在《食憲鴻祕》中也說：「飲酒不宜氣粗及速，粗速傷肺。肺為五臟華蓋，允不可傷。且粗速無品。」徐坷也認為：「急盥非所宜」，吃飯、飲酒都應慢慢地來，這樣才能品出味道，也有助於消化，不致於給脾胃造成過量的負擔。《調鼎集》中更明確地說：酒「忌速飲流飲」。

9、勿混飲

元人買銘在《飲食須知》中說：「飲食藉以養生，而不知物性有相反相忌，叢然雜進，輕則五內不和，重則立興禍患，是養生者亦未賞不害生也。」酒也是如此，各種不同的酒中除都含有乙醇外，還含有其他一些互不相同的成分，其中有些成分不宜混雜。多種酒混雜飲用會產生一些新的有害成分，會使人感覺胃不舒服、頭痛等。宋代陶谷《清異錄》曾行誡人們：「酒不可雜飲。飲之，雖善酒者亦醉，乃飲家所忌。」並舉一例說：「宛葉書生胡適，冬至日延客，以諸家群遺之酒為具。席半，客恐，私相告戒，適疑而問之，一人曰：『某怵君家百氏漿。』」

另外，藥酒也不宜用作飲宴用酒。藥酒中一般含有多種中草藥成分，如作飲宴用酒，某些藥物成分可能和食物中的一些成分發生衝突，令人不適。

10、空腹勿飲

中國有句古語叫「空腹盛怒，切勿飲酒」，認為飲酒必佐佳餚。唐孫思邈《千金食治》中也提醒人們忌空腹飲酒。因為酒進入人體後，乙醇是靠肝臟分解的。肝臟在分解過程中又需要各種維他命來維持輔助，如果此時胃腸中空無食物，乙醇最易被迅速吸收，造成身體功能失調、肝臟受損。因此，飲酒時應佐以營養價值比較高的菜餚、水果，這也是飲酒養生的一個竅門。當然，飲食後也不宜飲酒。

11、勿強飲

飲酒時不能強逼硬勸別人，自己也不能賭氣爭勝，不能喝硬往肚裡灌。張潮在《酒社芻言》小引中說：「飲酒之人，有三種，其善飲者不待勸，其絕飲者不能勸。惟有一種能飲而故不飲者宜用勸，然能飲而故不飲，彼先已自欺矣，吾亦何為勸之哉。故恩謂不問作主作客，惟當率喜稱量而飲，人我皆不須勸。」清人阮葵生在所撰《茶餘客話》中引陳幾亭的話說：「飲宴苦勸人醉，苟非即是客人，不然，變意穀也。君子飲酒，率真量情。文人懦雅，概有斯致。夫惟府井僕役，以通為恭敬，以譖為慷慨，以大醉為歡樂。」他說的不要勸人醉卻是極為可取的。

12、酒後少飲茶

自古以來，不少飲酒之人常常喜歡酒後喝茶，以為喝茶可以解酒。其實則不然。酒後喝茶對身體極為有害。李時珍說：「酒後飲茶，傷腎臟，腰腳重墜，膀胱冷痛，兼患痰飲水腫、消渴攣痛之疾。」未彝尊也說：「酒後渴，不可飲水及多啜茶。茶性寒，隨酒引入腎臟，為停毒之水。今腰腳重墜、膀胱冷痛，為水腫、消渴。」現代科學已證實了他們所說的酒後飲茶對腎臟的損害。據古人的養生之道，酒後宜以水果解酒，或以甘蔗與白蘿蔔熬湯解酒。

中國酒文化

酒史 × 酒俗 × 敬酒辭 × 酒令，
暢談杯中忘憂物，細數古今風流事

編　　著：趙惠玲，羅烈文

發 行 人：黃振庭

出 版 者：崧燁文化事業有限公司

發 行 者：崧燁文化事業有限公司

E-mail：sonbookservice@gmail.com

粉 絲 頁：https://www.facebook.com/
　　　　　sonbookss/

網　　址：https://sonbook.net/

地　　址：台北市中正區重慶南路一段六十一號八
　　　　　樓 815 室

Rm. 815, 8F., No.61, Sec. 1, Chongqing S. Rd.,
Zhongzheng Dist., Taipei City 100, Taiwan (R.O.C)

電　　話：(02)2370-3310

傳　　真：(02) 2388-1990

印　　刷：京峯彩色印刷有限公司（京峰數位）

定　　價：390 元

發行日期：2021 年 12 月第一版

◎本書以 POD 印製

國家圖書館出版品預行編目資料

中國酒文化：酒史 x 酒俗 x 敬酒辭
x 酒令，暢談杯中忘憂物，細數古
今風流事 / 趙惠玲，羅烈文編著 . --
第一版 . -- 臺北市：崧燁文化事業
有限公司 , 2021.12
　　面；　公分
POD 版
ISBN 978-986-516-919-0(平裝)
1. 酒 2. 飲食風俗 3. 中國
538.74　110018281

電子書購買

臉書